Gottfried Nicolaus

Ein Sugarbabe namens Lula

Liebe, Narzissmus und die Selbstbefreiung aus
einer toxischen Beziehung

Sollte diese Publikation Links auf Webseiten Dritter enthalten, so übernehmen wir für deren Inhalt keine Haftung, da wir uns den Inhalt nicht zu eigen machen, sondern lediglich auf dessen Stand zum Zeitpunkt der Erstveröffentlichung verweisen.

Danke, Martina.

Bibliografische Information der Deutschen Nationalbibliothek: Die Deutsche Nationalbibliothek verzeichnet diese Publikation in der Deutschen Nationalbibliografie; detaillierte bibliografische Daten sind im Internet über http://dnb.dnb.de abrufbar.

© 2022 Gottfried Nicolaus

Herstellung und Verlag: BoD – Books on Demand, Norderstedt

ISBN: 978-3-7568-2175-4

Gottfried Nicolaus

Ein Sugarbabe Namens Lula

Inhalt

Prolog

Ich fasse hier meine persönliche Geschichte und meine Erlebnisse aus den Jahren 2019 bis 2022 zusammen.

Es gibt mindestens zwei Menschen, die dazu sagen können: „Kommt mir irgendwie bekannt vor."

Einer hatte seinerzeit den Spitznamen Dr.-Prof.
Die Nächsten erleben es bereits.

Ich war ein beliebiger Zwischenmann.

Die Fahrt

Es war ein frühsommerlicher Tag an Ostern 2019, der meiner Reiseplanung gemäß im wunderschönen Hamburg enden sollte.

Über ein Mitfahrportal hatten sich zwei Wegbegleiter angemeldet und es sah durch die vorherige Kommunikation nach einer dieser angenehmen Fahrten, die durch Gespräche und Geselligkeit sehr kurzweilig verlaufen können, aus.

Ich nahm seinerzeit auf längeren Strecken gerne fremde Menschen mit, weil ich Menschen mag, die verschiedenen Lebensentwürfe, Verläufe und Schicksale mich interessieren und auch mir durch die andersartigen Sichtweisen anderer auf diese Welt häufig eben auch selbst neue Denkansätze beschert wurden. Es gibt zudem auch nichts Langweiligeres, als 500 km alleine über die Autobahn zu fahren.

Kurz vor der Abfahrt erreichte mich eine weitere Anfrage, eine junge Dame teilte mit, dass sie gerne von Göttingen nach Hannover mitfahren würde und sich über eine positive Rückmeldung ebenfalls freuen würde.
Und dass sie zu viel „würde" in diesem kurzen Text geschrieben hatte.

Für gewöhnlich würde ich für so eine kurze Teilstrecke nicht zweimal meine Route verlassen wollen.

Doch in diesem Fall öffnete das Schicksal seine Fänge und ließ mich antworten, dass ich sehr gut mit „würde" umgehen kann, und ich sagte ihr zu, weil ich den Text und somit die Person dahinter für interessant befunden hatte.

Damit war für das folgende Drama der Bühnenbau beauftragt, eine Kulisse zu schreinern, die für drei Jahre halten und grandios bespielt werden sollte.

Ich sammelte gegen Mittag in Frankfurt zwei Personen ein, die sich als Annabelle und Torben vorstellten.
Beide waren bester Laune, Annabelle stand ein Wochenende mit ihrem Freund in Hamburg bevor, welcher seinerseits aus Dänemark per Zug nach Hamburg reiste, um sich dort mit ihr zu treffen und dann diese zauberhafte Stadt, die Menschen und ihre gemeinsame Liebe zu genießen.

Torben war einige Stunden zuvor mit dem Flieger wieder in Frankfurt gelandet und wollte nach einem längeren Aufenthalt in der Pampa Patagoniens, wie er so schön sagte, einfach nur wieder nach Hause. Dazu wollte er bis kurz vor Hamburg mitfahren und sich dort dann auf einem Parkplatz von seiner Mutter abholen lassen.

Wir starteten also gemeinsam unsere Reise und es entspann sich sehr schnell ein anregendes Gespräch über Reiseerlebnisse, berufliche Herausforderungen und das Leben als solches.

Die Zeit verging wie im Flug und wir erreichten Göttingen.

Am vereinbarten Treffpunkt wartete Lula bereits auf uns. Nach einer kurzen Vorstellungsrunde plauderten wir munter weiter und in meinem Rückspiegel sah ich nun einen weiteren Menschen, mit einer etwas düsteren Ausstrahlung, sie schien eher schüchtern zu sein und gab sich mehr als Zuhörerin, als selbst etwas zu sagen. Mit ihrem fast rasierten Kopf und der konsequent dunkel gehaltenen Bekleidung sah sie eher aus, als würde ihr Weg sie in ein autonomes Boot-Camp führen als zu einem Besuch bei ihrem Bruder Noel in Hannover.

Nachdem Lula uns dann wieder verlassen hatte, erreichten wir kurz darauf den Absprungpunkt von Torben und danach Hamburg, wo Annabelle bereits sehnsüchtig erwartet wurde.

Ich fuhr in das Hotel, welches ich für das Wochenende gebucht hatte, und nahm noch schnell eine Dusche, bevor ich mich auf den Weg zu meinen Eltern machte, wo wir dann gemeinsam den Tag mit einem Abendessen und den üblichen Gesprächen ausklingen ließen.

Auftakt

Am nächsten Morgen, es war Samstag, stellte ich fest, dass mich eine nächtliche SMS von Lula erreicht hatte. Die Frage stand im Raum, wann ich denn plante, wieder zurückzufahren, denn sie würde gerne erneut in meiner Gesellschaft reisen und dafür ihre Aufenthaltspläne in Hannover auch dementsprechend ausrichten.

Ich antwortete, dass ich mich noch nicht entschieden hatte, ob ich Sonntag oder erst am Montag fahren wollen würde, und sagte ihr eine Rückmeldung vorab zu.

Nach einem wunderbaren Tag mit Freunden kehrte ich am späten Samstagabend wieder ins Hotel zurück und antwortete Lula, dass ich jetzt eine Fahrt für Sonntagnachmittag ins Portal stellen würde und sie natürlich herzlich zur Mitfahrt eingeladen sei.
Mein Telefon reagierte prompt, Lula am anderen Ende der Leitung.
Diesmal war sie nicht so schweigsam und erzählte mir, dass sie bei den Gesprächen auf der Hinfahrt ganz fasziniert davon gewesen war, wie ich die Probleme im Leben manage und welche Lebensfreude ich ausstrahle. Bei ihr lief es gerade nicht so gut.

Ich bot ihr an, dass ich sie auch ohne weitere Mitfahrer mitnehmen könne, damit wir uns in Ruhe und ungestört auf der Fahrt unterhalten könnten.

Am Sonntag erwartete mich Lula in Hannover und erzählte zunächst von den letzten Tagen mit ihrem Bruder Noel, der sich in Hannover in einer Ausbildung zum Mediengestalter befand und dafür von ihr hochgradig bewundert wurde, denn er hatte es geschafft, einen Weg zu finden, um aus seinem Leben etwas zu machen.

Sie hatten beide identische Grundvoraussetzungen, die aus einer nicht besonders stabilen elterlichen Beziehung und Bindung stammten.

Einen eigenen Weg suchte sie vorgeblich für sich noch.

Sie versuchte seit einem guten Jahr einen Weg in eine universitäre Ausbildung im künstlerischen Bereich in Leipzig zu finden, wo ihrer gestalterischen Fähigkeit die gebotene Anerkennung für ihre überdurchschnittliche Begabung doch langsam mal zuteilwerden müsste.
Sie ist, nach eigener Wahrnehmung, so gut, und niemand kann oder will das sehen.

In Ermangelung der Hochschulreife war ihr Plan, über den Nachweis der Hochbegabung die Zugangsberechtigung zu erlangen.
Ein Plan, der für sie offenbar auch mit gewissen Hindernissen verbunden war und bislang nicht zum Ziel geführt hatte.

So wartete sie nun auf einen Termin, damit sie ihre Werke erneut präsentieren könne, um die dortige Jury zu überzeugen.

Es gab noch weitere Einträge im Problemstatement der jungen Dame.

Ärger mit der Arbeitsgemeinschaft (ARGE), die anscheinend langsam, aber sicher ihr Interesse daran verlor, einem jungen Menschen die Selbstfindung zu finanzieren, und Resultate zu den Bemühungen bezüglich einer selbstfinanzierten Lebensgestaltung erwartete.
Forderungen des Gebührenservice über einen längeren Zeitraum, zu welchem dort entsprechende Belege über den Bezug staatlicher Transferleistungen vermisst wurden. Obwohl diese alle immer pünktlich und vollständig geliefert sein sollten.

Ein weiteres Problem lag in einer Beziehung zu einem deutlich älteren Herrn, von ihr immer nur Dr.-Prof. genannt, der als wissenschaftlicher Hilfsdoktorand oder etwas Ähnliches offensichtlich auch mal für seine Lebensführung bewundert worden war, jetzt jedoch nur noch gefühlten Druck auf sie entfaltete und sie aktiv in ihren Möglichkeiten zu begrenzen suchte.
Zusätzlich war das Dreiecksverhältnis zwischen Dr.-Prof, seiner Mutter und Lula wohl eher gestört als auskömmlich.

Diese Situation war für Lula, in der gebildeten Summe an Problemen, durchaus eine nachvollziehbare Herausforderung.

In ihrem bisherigen Leben war eigentlich immer schon alles schiefgelaufen und jeder Versuch, die Situation zu verbessern, hatte zu nichts geführt.
Sie hatte einfach immer nur Pech und deshalb würde niemals etwas aus ihr werden.

So ihre Sicht.

Auf meine Frage, was sie denn nun in Göttingen zu erwarten hätte, welches wir in Kürze erreichen würden, erklärte sie mir, dass sie dort nur eine Nacht bei ihrem Vater, mit welchem selbstverständlich auch ein problembelastetes Verhältnis bestünde, verbringen wollen würde, um dann am nächsten Tag nach Leipzig zurückzukehren.

Ich verspürte den Wunsch, ihrer Offenheit und greifbarer Verzweiflung ein Hilfsangebot gegenüberzustellen.

Ich bewohnte derzeit in Frankfurt zwei Etagen eines Fachwerkhauses mit 5 Zimmern auf 130 qm und vermietete davon regelmäßig ein möbliertes Zimmer unter, seit ich mich im vorletzten Jahr von meiner langjährigen Partnerin getrennt hatte.
Dieses Zimmer stand gerade leer und ich bot es ihr

für die Nacht nebst einem Transfer zum Bahnhof am Montag an.

Sie checkte kurz über ihre Travelling-App die daraus resultierenden Möglichkeiten und sagte zu.

Es wirkte auf mich, als wäre hier ein Vögelchen aus dem Nest gefallen, welches verzweifelt versuchte zu fliegen, obwohl dafür offensichtlich weder die Technik verstanden noch die erforderliche Kraft vorhanden war.

Ich sprach ihr Mut zu und habe die vorliegenden Probleme nach Dringlichkeit sortiert und ein paar meiner Erfahrungen mit Behörden und Beziehungen angeboten.

Wir sprachen nach unserer Ankunft in Frankfurt noch bis tief in die Nacht darüber.

Ich hatte fast 25 Jahre früher meinen Kampf mit nahezu allen in Frage kommenden Institutionen geführt, um eine alternative Lebensgestaltung durchzusetzen, um dann irgendwann festzustellen, dass auch trotz einiger Achtungserfolge ich so nicht mehr leben wollte und ich diese Energie besser nutzen konnte, wenn ich dem System etwas mehr Kompatibilität meinerseits anbiete.
Dadurch war in meinem Leben auch vieles nicht rundgelaufen, auch weil ich lange davon überzeugt war, grundsätzlich alles besser zu wissen. Daraus resultierten einige Brüche in meiner Vita und es war ein unnötig harter Weg, dort hinzukommen, wo ich heute bin.

Ich konnte ihre Situation deshalb so gut nachempfinden und erinnerte mich an meine Phasen von Verzweiflung und natürlich auch der grenzenlosen Wut, welche ich gegenüber der Arroganz des Systems und seiner Vollstrecker empfunden habe, die mich seinerzeit angetrieben und motiviert hat, meine kleine Rebellion zu leben.

Dennoch hatte ich irgendwann einen Weg für mich gefunden und letztendlich damit auch eine erfolgreiche Entwicklung vollzogen.
Und das war auch der Ansatz, den ich Lula gerne vermitteln wollte.
Es gibt niemanden, der einfach nichts kann, und sie wird ganz gewiss nicht die Erste sein, die mir eben genau dies beweisen wird.
Von daher ist natürlich auch für sie ein Platz in dieser Gesellschaft vorhanden und nur weil sie diesen mit 22 Jahren noch nicht gefunden hatte, ist damit überhaupt nichts endgültig bewiesen.

Aus der Tatsache heraus, dass mein Leben auch eher unstet verlaufen war und ich mit Mitte 40 dennoch inzwischen einen komfortablen Platz für mich gefunden und mir ein sehr angenehmes Leben aufgebaut habe, konnte ich dafür hinreichend Belege generieren, um ihr dies auch plakativ zu illustrieren.

Ich bot ihr an, dass ich sie bei den akuten Themen der Arbeitsgemeinschaft und dem Gebührenservice unterstützen kann, wenn sie dies möchte und sie mir Fotos der entsprechenden Unterlagen zusendet.

Am Montag frühstückten wir ganz entspannt und ich brachte Lula zum gebuchten Zug zum Hauptbahnhof in Frankfurt.

Ich hatte zumindest den Eindruck, dass sie über mein Angebot nachdenkt und auch, im Vergleich zur Mitfahrt am Sonntag, heute etwas entspannter abgereist ist.

Aufbau Ost

In der folgenden Woche rief sie mich einige Male an und bat um konkrete Formulierungsvorschläge zu ihren rudimentär verfassten Stellungnahmen und Einsprüchen zu den vorliegenden Bescheiden, die ich gerne lieferte.

Es entstand ein regelmäßiger Kontakt, der von mir als Hilfsangebot, im Sinne eines Mentors, verstanden wurde.

Es war etwa ein Monat vergangen, als mich Lula fragte, ob ich sie nicht mal in Leipzig besuchen möchte.
Sie würde mich gerne zu ihrem Lieblingsitaliener einladen, um sich für meine Hilfe erkenntlich zu zeigen.

Ich war zuvor noch nie in Leipzig und kannte diese Stadt nur aus den Nachrichten.
Speziell wenn in Connewitz ein Spiel zwischen Autonomen und Staatsmacht ausgetragen wurde, welches im Wesentlichen aus dem grenzenlosen Verbrauch von Pfefferspray auf der einen Seite und dem Entzünden von allem, was in der Öffentlichkeit brennbar ist oder temporär durch Muskelkraft im Flug der Schwerkraft trotzte, auf der anderen Seite gekennzeichnet war.

Wir verabredeten uns, es war etwa Ende Juni, in Leipzig und ich fuhr an einem Samstag hin.

Lula wohnte in einer innerlich renovierten Platte auf 25 qm und hatte es sich wirklich hübsch eingerichtet. Sehr praktisch und mit einer gewissen Ästhetik, die von jemandem mit so begrenzten Möglichkeiten nicht direkt zu erwarten gewesen wäre.

Es hatte einen gewissen Stil und liebevollen Charme.

Ich bekam eine eindrucksvolle Stadtführung und wir landeten schließlich bei dem so wertgeschätzten Italiener. Die Karte war typisch, die Preise sehr moderat und das Essen in jedem Fall sein Geld wert.

Letztendlich habe ich jedoch darauf bestanden, die Rechnung zu übernehmen.

Ich kannte ihre finanzielle Situation und hätte das Essen nicht genießen können, wenn dies für sie dann wieder tagelang bedeutet hätte, sich von Proteinriegeln ernähren zu müssen. Obwohl dies nach eigener Aussage auf Freiwilligkeit beruhte.

Ich habe mal so ein Teil probiert und bin nicht auf den Geschmack gekommen. Ich bin mir nicht mal sicher, ob es eine identifizierbare Geschmacksrichtung gab, die dem Bild auf der Verpackung entsprach oder ich diese versehentlich mitverzehrt hatte.

Sie bot mir an, bei ihr zu übernachten, damit ich jetzt am Abend nicht noch eine so lange Fahrt antreten müsste.

Auf einer Matratze in dem Format von 2 mal 1,2 m sah ich mich jedoch nicht und der gebotene Abstand wäre für mich damit zudem eindeutig unterschritten gewesen.

Ungeachtet dessen entwickelte sich aus unserer spontanen Begegnung langsam eine Freundschaft.

Ich machte mich auf den Rückweg, welcher durch eine Vollsperrung aufgrund nächtlicher Bauarbeiten mich dann über Göttingen und Kassel leitete und die Reisezeit von knapp vier Stunden auf über fünf Stunden erhöhte. Ich kam hundemüde in Frankfurt an.

Wir telefonierten unregelmäßig und meistens vor dem Hintergrund, dass Lula meine Meinung zu kleineren Baustellen, welche sich im Alltag bei ihr auftaten, hören mochte.

Als ich in einem solchen Telefonat den Eindruck gewann, dass bei ihr gerade wieder ein Stimmungstief wegen ihres Dr.-Prof. drohte, lud ich sie ein, mit mir am Wochenende gemeinsam in Winterberg auf einer Zipline mal den Astenkick auszuprobieren, damit sie auf andere Gedanken kommt und aus dem aktuell bedrückenden Umfeld in Leipzig ausbrechen konnte.

Sie sagte zu, reiste an und wir fuhren von Frankfurt nach Winterberg und ließen uns an ein Stahlseil hängen, an welchem dann ein Flug mit etwa 70 km/h in die 1 km entfernte Talstation erfolgte.

Eine solche körperliche Erfahrung, in der zunächst die Überwindung darin besteht, sich mit dem Geschirr in dieses Seil einklinken zu lassen und kopfwärts ins Tal zu blicken, um dann ausgeklinkt wie im Flug ins Tal zu rauschen, kann schon eine positive Erfahrung sein, die etwas Abstand in das Tagesgeschäft bringt und von akuten Problemen abzulenken vermag.

Wir hatte beide einen Riesenspaß daran und die Problematik mit Dr.-Prof. war nicht mehr auf dem ersten Platz bei Lula. Das Strahlen in ihren Augen nach dieser Aktion berührte definitiv mein Herz.

Ich hoffte zudem, dass für Lula die Erfahrung, selbst fliegen zu können, wenn die Umstände es erlauben, ab jetzt vorhanden ist.

Die Idee oder der Wunsch, mit meinen Möglichkeiten hier Licht ins Dunkel zu bringen, war ab unserer gemeinsamen Fahrt im Mai ungebrochen und ich verbuchte die Ergebnisse eines solchen Erlebnisses als (m)einen Erfolg.

Natürlich hat mich dieses Erfolgserlebnis auch herausgefordert, noch eine Schippe draufzulegen und Lula zu beweisen, dass diese Welt vor Schönheit und Möglichkeiten nur so strotzt. Egal von welcher Startposition wir ins Rennen gehen.

Dann ging es für uns wieder zurück nach Frankfurt, mit einem langen Austausch über diese Erfahrung und den Wahrnehmungen dieses Events.

Am Abend dinierten wir bei Kerzenschein unser zuvor zubereitetes Gericht, dessen Zutaten wir auf dem Rückweg abgestimmt und besorgt hatten.

Anschließend fuhr Lula nach einer Übernachtung im Gästezimmer zurück nach Leipzig, wo sie die verschiedenen Ansätze zur Verbesserung der Beziehung mit Dr.-Prof. erörtern wollte.

Aufschwung Ost

Bei unserem nächsten Telefonat vermittelte Lula mir, dass sie langsam beginne, eine Lust auf das Leben zu entwickeln, zumindest so, wie ich es zu leben wusste.

Die ersten positiven Ergebnisse unserer gemeinsam verfassten Einsprüche entfalteten Wirkung, die Forderung des Gebührenservice lag nur noch bei einem Drittel der ursprünglichen Forderung, aktuell war wieder eine Freistellung erreicht und eine Ratenzahlungsvereinbarung geschlossen, die realistisch bedient werden konnte. Die Arbeitsgemeinschaft war noch mit der Prüfung unserer Einwände befasst und damit nicht mehr vorrangig um Maßnahmen bemüht.

Erfahrungsgemäß ist das natürlich nur ein Zeitgewinn, keine nachhaltige Lösung der bestehenden Probleme.

Lula war angeblich weiterhin damit ausgelastet, ihre Mappen mit Nachweisen ihrer künstlerischen Fähigkeiten zu ergänzen, und wollte damit eine erneute Vorstellung bei der Künstlerakademie betreiben. Irgendwann. So richtig Konkretes konnte ich damals nicht in Erfahrung bringen.

Im Oktober wendete sich die Situation dann schlagartig. Es gab einen kurzfristigen Termin bei der Arbeitsgemeinschaft, der mit einem ganz klaren 0 : 1 gegen Lula abgepfiffen wurde.

Entweder sofortiges Beibringen der Bemühungen zur Arbeitsaufnahme, mindestens der letzten drei Monate, oder zeitnahe Leistungssperre. Da es offenkundig keinerlei Nachweise gab, weil dementsprechende Bemühungen nicht erfolgt waren, drohte eine erneute Krisensituation für Lula.

Dieses Mal jedoch trat sie die Flucht nach vorne an. Sie kontaktierte mich und ließ mich wissen, dass sie für einen Servicepartner der Fraport zu einem Vorstellungsgespräch nach Frankfurt eingeladen sei und fragte an, ob mein Gästezimmer zum Termin für sie vielleicht verfügbar wäre.
Ich bot es ihr an, ging aber auch davon aus, dass dieser Ansatz vermutlich nicht erfolgreich ausgehen würde. Passagiere, die in die USA reisen wollen, mit Fragebögen zu ihren Beweggründen zu löchern und die gesammelten Daten zu dokumentieren, war nun nicht wirklich etwas für eine derartig schüchterne Person mit den aufgezeigten Ambitionen als künstlerisches Ausnahmetalent.
Vollkommen euphorisch rief sie mich danach an und teilte mir mit, dass nur noch die Sicherheitsprüfung der Fraport erfolgen müsse, damit sie einen Vertrag unterschreiben könne. Sie wolle das unbedingt, jetzt werde alles besser und es gehe bergauf.

Am Abend unterhielten wir uns sehr ausführlich über die Möglichkeiten und Risiken, die zumindest ich in diesem spontanen Richtungswechsel sehen konnte.

Sie hatte in Leipzig einen Mietvertrag mit einer Mindestmietdauer von 24 Monaten abgeschlossen und sich dort wohl auch ein Umfeld aufgebaut. Dieses nun alles so spontan für einen Job in Frankfurt aufzugeben, kam mir doch jetzt nicht hinreichend überlegt vor.

Natürlich wäre damit dem Druck der Arbeitsgemeinschaft ein Ventil geboten, dennoch würde diese Veränderung natürlich auch neue Risiken mit sich bringen. Die Probezeit im Arbeitsvertrag und der Wohnungsmarkt in Frankfurt beispielsweise.

Der in Umsetzung befindliche Plan mit dem künstlerischen Studium andererseits.

Sie wollte eine Nacht darüber schlafen.

Im Westen geht die Sonne auf

Lula war ausgeschlafen und wie ausgewechselt, Arbeitsgemeinschaft, vertragliche Mindestmietdauer des Leipziger Apartments und die dortigen Beziehungsprobleme erschienen nun alle in einem anderen Licht, welches eher von Seiten der Vergangenheit dunkel angestrahlt würde.

Hier und heute ging jedoch die Sonne auf.

So ein Neustart böte unglaubliche Chancen und wenn ich sie weiter mit meinem Rat unterstützen würde, wären diese Themen doch alle einfach zu lösen.

Die künstlerischen Ambitionen für die Nutzung dieser Chance einstweilen zurückzustellen, ändere ja nichts an dem vorhandenen Talent.

Sie reiste zurück nach Leipzig.

Der Arbeitsvertrag erreichte sie und beinhaltete zunächst eine Schulung über vier Wochen in Frankfurt. Natürlich war wieder mein Gästezimmer die prädestinierte Unterkunft. Und ich sagte es ihr zu.

Zwischenzeitlich verfasste ich, auf ihren Wunsch hin, einige Zeilen für die Arbeitsgemeinschaft und stellte in Aussicht, dass nur noch die Miete für den Leipziger Mietvertrag bis zu dessen Ende und die Aufwände für einen möglichen Umzug einen Grund darstellten, welcher die anhaltende Betreuung von Lula weiterhin dort erforderlich machen könnte. Die Reaktion kam erschreckend prompt.

Ein Angebot über 1.800,– € als bedingungslose Beihilfe, wenn dann sichergestellt wäre, dass Lula Leipzig nachweislich umgehend verließe und vorzugsweise nie wieder in der dortigen Kundenkartei namentlich genannt würde.

Die Eingliederungsvereinbarung liegt ab sofort zur Unterschrift bereit.

Es wirkte eindeutig so, als ob alle bisher initiierten Maßnahmen von Erfolg gekrönt würden.
Die Probleme lösten sich langsam in Luft auf und die Perspektive wurde zusehends besser für Lula.
Ich nahm bis dahin ernsthaft an, dass mir das Schicksal diese Karte in die Hand gespielt hatte, damit ich einen jungen Menschen davon abhielte, meine Fehler zu wiederholen und Lebensjahre mit sinnlosen Grabenkämpfen gegen Institutionen zu verschwenden. Dass dies nichts bringt, konnte ich inzwischen sehr gut erklären.
Und ich hatte zumindest zu diesem Zeitpunkt ein gutes Gefühl dabei und dachte, ich würde hier selbstlos helfen.

Sie berichtete mir dann von einem Treffen mit ihrem Freund in Leipzig in einem Café, zu welchem er Ausdrucke aus dem Internet mitgebracht hätte, die aus seiner Sicht als Beweis dienen sollten, dass Lula eine untreue Seele gewesen sei. Mit der gebotenen Empörung habe sie diese Veranstaltung verlassen, nachdem sie ihm noch attestiert hatte, eine neurotische Persönlichkeit zu sein, die sie immer nur unterdrückt und kleingehalten hätte. Zudem wäre seine Mutter ein Drache.

Ich war nicht dabei, die Erzählung wirkte jedoch authentisch und verstärkte die Notwendigkeit, den ja auch bereits in unseren Gesprächen beschriebenen Charakter als mindestens mäßig verwirrt einzuordnen.

Als dann auch noch in der Zeit in Frankfurt, während der Schulung, von ihm Bilder mit Gesichtsverletzungen im Chat zugesandt wurden und die Geschichte dazu lautete, dass er nach dem Genuss von psylocibinhaltigen Pilzen in einem Park überfallen worden war und sich nun im Krankenhaus befinde, bestand eigentlich kein Zweifel mehr, dass hier eine offenkundig toxische Beziehung ihr dringend notwendiges Ende erfahren sollte.

Lula gab sich dennoch sehr besorgt und versuchte ihn zu erreichen, hatte aber wohl nur einen Freund von ihm am Telefon, der behauptete, das Telefon während des Krankenhausaufenthaltes zu betreuen, und der seinerseits dann nur den Wahrheitsgehalt dieser Geschichte bestätigte.

„Der ist doch vollkommen irre", war die Diagnose von Lula. Sie hielt es für besser, den Kontakt jetzt abzubrechen und sich eine neue SIM-Karte und eine neue E-Mail-Adresse zuzulegen.

Etwa eine Woche später kam ein an Lula adressiertes Paket in Frankfurt an. Darin ein neues iPhone 7 und zahlreiche Wellnessprodukte des von Lula bislang präferierten Herstellers, nebst dem kurzen Hinweis, dass das Telefon ja längst versprochen war und nun natürlich dementsprechend auch ihr gehören möchte. Ihm täte das alles sehr leid.

Auf meine Frage, woher er denn diese Anschrift kennen könne, erklärte sie mir, dass er offensichtlich ihren Vater in Göttingen angerufen und dort nach langer Bettelei und wilden Geschichten über sie diese von ihm bekommen hätte. Darüber wäre sie bereits so erbost gewesen, dass sie ihrem Vater entsprechend die Hölle heiß gemacht hätte.

Die Schulung lief gut, die Uniformen wurden geliefert und zwangsläufig geändert, weil diese sich nicht perfekt an Lulas Körper schmiegten.
Gut sah sie aus in der Uniform mit der Zutrittskarte zum Sicherheitsbereich und dem unverkennbaren Stolz, etwas zu repräsentieren und eine Verantwortung übertragen bekommen zu haben.

Lula strahlte wie der Nordstern am wolkenlosen Nachthimmel.

„Wie begegnet dir der Gedanke, dass du mir dein Gästezimmer untervermietest, bis ich in Frankfurt eine eigene Bleibe gefunden habe?", war ja eigentlich dann schon ein erwartbarer Schritt und auch für mich letztendlich eine Win-win-Situation.

Ich müsste nicht wieder unzählige Anrufe auf eine Anzeige bei Immonet durchleben, in welchen sich die Menschen häufig ganz anders geben, als sie bei der vereinbarten Besichtigung erscheinen. Wenn sie dann überhaupt erschienen waren - und Lula könnte in Frankfurt ohne weitere Umstände starten.

Ich setzte den bereits erprobten Untermietvertrag über ein möbliertes Zimmer für uns auf, der uns beiden natürlich auch die kurzfristige Möglichkeit bot, eine andere Lösung zu suchen, wenn das nicht funktionieren sollte. Ich trug zu diesem Zeitpunkt auch keinerlei Argwohn in mir, welcher einen abschlägigen Bescheid dieses Ansinnens auch nur ansatzweise gerechtfertigt hätte. Im Gegenteil, ich kannte und mochte Lula und empfand die Idee, mit ihr den Wohnraum zu teilen, durchaus als eine angenehme Vorstellung.

Den Umzug aus Leipzig organisierte ich auf ihre Kosten, da es ohne Führerschein und Kreditkarte etwas schwierig ist, die Grundlagen dafür zu schaffen. Lula hatte ihrerseits, auf meine Bitte hin, über das Studentenwerk Helfer für Leipzig und Frankfurt gebucht.

Wir fuhren also im November mit dem Zug nach Leipzig, holten den Transporter beim Anbieter für die One-way-Miete ab und trafen uns mit den Helfern an der Wohnung im Westen Leipzigs.
Die Vorbereitungen für den Umzug hatte Lula an den vorherigen Wochenenden erledigt, an welchen sie dann

jeweils mit der Bahn zwischen Frankfurt und Leipzig gependelt war.

Die Durchführung des Umzuges verlief reibungslos. In Leipzig alles verladen, fast fünf Stunden Fahrt, in welchen Lula mich durchgehend mit ungebremster Euphorie an ihrer Freude darüber teilhaben ließ, diesen Lebensabschnitt nun so abgeschlossen zu haben und ein neues Leben mit größtmöglicher Energie und Beständigkeit beginnen zu können und zu wollen.
Frankfurt sei eben ein anderes Kaliber.

Es konnte alles nur noch besser werden.

Mich beschlichen erste Zweifel, ob ich mich mit meinem Engagement nicht doch besser etwas hätte zurückhalten sollen, denn nun zeichnete sich für mich durchaus ab, dass ich mich durch diese Umstände natürlich in eine andere Situation, auf meine eigene Verantwortlichkeit bezogen, begeben hatte.
Ich verwarf diese Gedanken und nahm an, dass schon alles gut werden würde.
Wir hatten schließlich bislang, trotz aller Unterschiede, nicht das geringste Konfliktpotential in Aussicht.

Als ausgewiesener Optimist ging ich sowieso davon aus, dass ich souverän in jeder Lebenslage kein Ungemach zu befürchten hatte.
Die Gesellschaft von Lula war mir ja nun auch durchaus nicht unangenehm, im Gegenteil, sie schmeichelte mir.

Und mit ihrer euphorischen Energie hatte sie mich häufig aus der Lethargie des Alltags geholt und auf andere Gedanken gebracht.

Wie eine junge Katze, die neue Dinge in der Welt entdeckt und dabei den Betrachter mit einer gewissen Unfertigkeit fasziniert.
Unterhaltsamkeit war in Lulas Gegenwart garantiert.
Sie sah viele Dinge natürlich ganz anders als ich, was mich auch gelegentlich auf andere Gedanken gebracht hat oder mich damit konfrontierte, wie viele über die Jahre gefestigte Vorurteile in mir steckten und durchaus auch gerne mal verdienten, hinterfragt zu werden.
Das war eindeutig inspirierend.

Neustart

Der Beginn unseres gemeinsamen Lebensabschnittes unter einem Dach war sehr angenehm und wir haben viel gelacht und einen sehr entspannten Umgang miteinander etabliert. Lula fand Frankfurt, im Gegensatz zu mir, total schön. Sie wickelte ihre Altlasten in Leipzig ab und fuhr gelegentlich nach Göttingen, um das dort laufende Projekt Führerschein fortzusetzen, wenn dies ihre Schichten am Flughafen erlaubten.

Ansonsten haben wir auch viel gemeinsam unternommen, sei es einkaufen, kochen oder gemeinsam essen zu gehen, je nachdem wie sich aus unseren unterschiedlichen Arbeitszeiten solche Gelegenheiten ergaben.

Lula hatte sich zwischenzeitlich nach einer eigenen Bleibe umgesehen, diese Bemühungen aber direkt wieder aufgegeben, da es in Frankfurt einfach keine passenden Angebote für das vorhandene Budget gab und ihr die aktuelle Situation auch deutlich mehr zusagte, als wieder alleine zu wohnen.

Ich hatte damit auch kein Problem, denn ich mochte sie, ihre Gesellschaft und unser aktueller Umgang miteinander fühlten sich für mich wirklich gut an und waren von positiver Energie getragen.
Es lag Leichtigkeit in der Luft und wir ergänzten uns bislang gut.

Natürlich hat es auch meiner Eitelkeit massiv geschmeichelt, dass sie Fragestellungen an mich adressierte, die für mich überhaupt keine Herausforderung darstellten und entsprechendes Lob von ihr an mich nach sich zogen. Sei es ein Schreiben für eine Behörde zu verfassen oder mit ihr einen roten Faden zu besprechen, welchen sie dann für Telefonate nutzte, um ihr Anliegen zu präsentieren, um die gewünschten Ergebnisse zu erzielen.

Ich sah eine aufblühende Lula, die scheinbar alle Probleme und Sorgen in Leipzig zurückgelassen hatte und nun sichtlich zu einer inneren Ruhe fand.

Diese Ausstrahlung wurde so nicht nur von mir registriert.
Auch am Flughafen fand sie Anschluss an die dortigen Kollegen und berichtete mir von dem positiven Feedback der Kollegen, die ihr Engagement und ihre Zuverlässigkeit sehr zu schätzen gelernt hatten.

Ich würde lügen, wenn ich leugnete, dass ich ziemlich stolz darauf war, hier diese Entwicklung maßgeblich unterstützt zu haben, und nun einen ganz anderen Menschen erlebte, als dies bei unserer ersten Begegnung der Fall war.

Die etablierte Mädels-Crew am Flughafen versuchte auch mehrfach, Lula in ihre Kreise aufzunehmen, und baten sie, an feierabendlichen Aktivitäten, wie Besuch einer Shisha-Bar oder gemeinsamen Aktivitäten am Main, teilzunehmen, was sie jedoch nicht als reizvoll empfand und wiederholt ablehnte.

„Du, ganz ehrlich, die sind mir alle zu einfach gestrickt", kommentierte Lula deren Ansinnen.

Ein Kollege aus dem Team am Flughafen, welcher sich offenkundig sehr um Lulas Gunst bemühte, blitzte ebenfalls mehrfach ab. Auf meine Nachfrage, warum er nicht zumindest eine Chance bekommen sollte, sich auch privat mal von seiner besten Seite zeigen zu dürfen, erklärte mir Lula, dass Männer in ihrem Alter weder die erforderliche Reife noch das Niveau hätten, um auf sie einen Reiz auszuüben.

Alle bisherigen Partner wären mindestens zehn Jahre älter als sie gewesen.

Dass dies, speziell in Bezug auf die letzte Erfahrung mit Dr.-Prof., vielleicht auch in Frage zu stellen sein könnte, sah sie so nicht.

Die Beziehung zwischen den beiden hatte sich nicht wie erhofft und erwartet entwickelt und wurde somit letztendlich eben einfach nur zu dem lebensbegleitenden Pech. Die allgegenwärtige Mutter von Dr.-Prof. hatte sicherlich auch durch ständige Interventionen und Misstrauensbekundungen ihr gegenüber einen messbaren Anteil am Scheitern der Beziehung. Vermutlich.

Gut, mit Pech hatte sie ja nun auch wirklich deutlich mehr Erfahrung als ich.

Die Fahrerlaubnis

Zahlreiche Fahrstunden in Göttingen hatten bislang nicht zur Fahrerlaubnis geführt, hierzu bestand zudem ein Deal mit ihrem Vater, der für eine örtliche Fahrschule die Kosten der Fahrstunden übernahm.

Warum er darauf fixiert war, die Kosten nur in Göttingen zu tragen, während seine Tochter sich doch zunächst Leipzig und inzwischen Frankfurt als Lebensmittelpunkt ausgesucht hatte, konnte ich nicht in Erfahrung bringen.

Die Theorieprüfung war bislang auch nur in der Theorie bestanden und das Zeitfenster für eine mögliche Prüfungswiederholung schloss sich langsam.

Lula bat mich um meinen Rat, denn sie befürchtete die bisher darin investierte Energie verpuffen zu sehen, wenn ihr die Zeit davonlaufen sollte.

Sie lieferte die Details und ich die Analyse, welche dazu führte, dass es unter der Berücksichtigung aller Umstände eigentlich wenig Sinn macht, dieses Konzept weiterzuverfolgen. Die vom Vater übernommenen Kosten für die Fahrstunden und damit verbundene Aufwendungen für die An- und Abreise ergeben nur einen marginalen Vorteil, die Schichtplanung am Flughafen machte eine planvolle Wahrnehmung von verfügbaren Zeiten in der niedersächsischen Fahrschule extrem schwierig und die fehlenden Theorie- und

Praxisstunden ergaben eine Konstellation, die ohne ein Wunder nahezu unmöglich aufzulösen war.

Ich habe Lula also vorgeschlagen, dass es vielleicht einfach mehr Sinn hat, wenn sie sich eine Fahrschule in Frankfurt sucht und die unnötige Komplexität aus dem Plan entfernt, damit das Ziel einfacher und realistischer erreicht werden kann.

Wer mal länderübergreifend mit dem TÜV und einer Fahrerlaubnisbehörde in Kombination zu tun hatte, wird erahnen, dass dieser Ansatz auch nicht gerade einfach ist. Die Abstimmung zwischen Göttingen und Frankfurt eben dieser beiden Instanzen muss maximalintensiv moderiert werden, sonst kommt dabei nicht mehr raus als ein veritables Kompetenzgerangel.

Diesen Kampf hatte zunächst Lula aufgenommen und dann wir beide ausgefochten, um zu erreichen, dass der Ausbildungsstand aus Göttingen in Frankfurt vollumfänglich anerkannt wird, auf dieser Grundlage eine Prüfung möglich ist und eine nahtlose Fortsetzung erfolgen kann.

Das war der amtliche Teil.

Eine Fahrschule zu finden, die in dieser Konstellation einzusteigen bereit war, die nächste Herausforderung.

Ich wollte mir sowieso den B196-Zusatz eintragen lassen, da ich noch vor der Entscheidung für ein E-Krad für Kurzstrecken stand, somit war dies ein geeigneter Köder für die Fahrschulen. Ich brauchte die notwendigen Theorie- und Praxisstunden für meinen bestehenden Führerschein. Wir werden aber nur dann eure Kunden, wenn ihr euch den Stress mit dem Vorgang von Lula ebenfalls antut.

Damit waren scheinbar die Voraussetzungen geschaffen und wir haben mit diesem Paket eine Fahrschule für die gemeinschaftliche Aufgabenstellung gefunden.

Lula offenbarte mir nun, dass sie extreme Prüfungsangst hat und deshalb mit der Theorieprüfung ziemlich hadert. Wir haben dann umfangreiche Prüfungssimulationen durchgespielt und Atemtechniken einstudiert, um in Stresssituationen die Ruhe zu bewahren.

Lula besteht die Theorieprüfung mit einer fehlerhaften Antwort.

Auch hier sah ich mich wieder in meinem Ansatz bestätigt und war stolz darauf, wie ich diesen Weg mitgeebnet habe und natürlich auch auf sie, die ihn erfolgreich beschritten hatte.

Ich als guter Mentor und sie als erfolgreicher Protegé, das fühlte sich einfach großartig an.

Wir hatten beide den gleichen Fahrlehrer und mir war somit bekannt, dass er aus einer anderen Zeit stammte. Darüber hatten wir uns ausgetauscht und eine Strategie für den Umgang mit dem Herrn abgestimmt.

Dennoch war die Chemie zwischen Lula und ihm nicht sonderlich optimal.

Im Ergebnis führte dies dazu, dass er davon abriet, die Prüfung ohne weitere Fahrstunden in Angriff zu nehmen, während Lula sich dazu im Stande sah.

Wir waren dann gemeinsam auf einem Übungsplatz und ich teilte im Wesentlichen ihre Einschätzung.

Die praktische Prüfung bestand Lula dann nicht, da sie einem anderen Verkehrsteilnehmer die Vorfahrt genommen hat/haben soll.

Sie rief mich vollkommen aufgelöst vom Parkplatz eines Schwimmbades an, wo sie „ausgesetzt" worden war, nachdem ihr das Ergebnis der Prüfung mitgeteilt wurde. Diese Situation resultierte aus missverständlichen Anweisungen des Fahrlehrers und einer absolut negativen Einstellung des Prüfers, war Lulas Analyse des Ergebnisses.

Ich rief den mir eben auch persönlich bekannten Fahrlehrer an und bekam eine gänzlich andere Version präsentiert. Sie wäre weinend „davongelaufen", nachdem sie zum Anhalten auf diesem Parkplatz gebeten worden war, um das Ergebnis der Prüfung zu besprechen und die ursächliche Situation zu erläutern. Sie habe nicht mal das Protokoll der Prüfung an sich nehmen wollen.

Zumindest die Aussagen zum Protokoll stimmten in beiden Schilderungen deckungsgleich überein.

Ich war nicht dabei, kenne jedoch beide Akteure und war in diesem Fall gewillt, der Darstellung von Lula mein Vertrauen zu schenken und anzunehmen, dass ihre Reaktion seinem unsensiblen Verhalten geschuldet war.

Nachdem Lula sich beruhigt hatte, sprachen wir über die Situation und überlegten die weiteren Optionen.

Eine Fortsetzung der Bemühungen unter den gleichen Rahmenbedingungen erschien auch mir nicht sinnvoll, also war die einzige Alternative eigentlich nur der Wechsel der Fahrschule.

Lula telefonierte einige Anbieter ab und entschied sich für eine „sensible" Fahrschule in Hausen. Weitab von unserem Umfeld, aber mit einem sehr verständnisvollen Inhaber. Ein Fahrschulwechsel innerhalb Frankfurts war jetzt auch eher ein Kindergeburtstag im Vergleich zur WM-Gartenparty, die der Wechsel von Göttingen nach Frankfurt an Aufwand nach sich gezogen hatte.

Durch diesen Wechsel entstanden natürlich neue Kosten, die so nicht geplant waren, durch zusätzliche Fahrstunden, damit dort die Fähigkeiten zuverlässig eingeschätzt werden konnten und eine erneute Prüfungsanmeldung möglich wurde.

Damit konfrontiert wandte sich Lula an mich. Sie hatte gerade ein Liquiditätsproblem, denn die Streichung von Flügen in die USA wegen einer sich abzeichnenden

Pandemie und dem damit einhergehenden Einfluss auf ihre Schichtpläne hatte natürlich auch Auswirkungen auf ihr Gehalt. Da sie mir ja auch die Untermiete entrichten musste, ergab sich jetzt ein Problem, welches den Führerschein bedrohte.

Ich war bisher die Lösung für alle Probleme und gefiel mir in dieser Rolle natürlich auch extrem gut.

Das Gefühl, von ihr gebraucht zu werden, machte auch etwas mit und in mir.

Beruflich bekomme ich für die Lösung von Problemen ein Gehalt und gegebenenfalls auch Anerkennung.

In meinem privaten Umfeld bekomme ich jetzt auch noch eine massive Anerkennung dafür, dass ich einfach nur gewisse Möglichkeiten habe.

Natürlich wertete mich das nachhaltig auf und bestärkte mein Gefühl in meinem Leben bisher vieles richtig gemacht zu haben. Ist das nicht auch ein Teil dessen, wofür man das alles macht?

Freiräume zu haben, die man sich selbst geschaffen hat, werden zu Ballsälen, wenn man diese teilen und andere daran teilhaben lassen kann.

Wenn es dann auch noch so aussieht, als würde in so einem solchen Saal jemand den Raum füllen, der darin gedeiht, dann ist das phänomenal und fühlt sich auch so an.

Aus dieser Situation heraus schätze ich die Situation auf den vorhandenen Ebenen wie folgt ein.

Ein Führerschein wäre eine weitere Option für Lula, ihren Lebensunterhalt selbstbestimmt zu bestreiten.

Damit hätte sie auf dem Arbeitsmarkt zumindest eine Qualifikation.

Es besteht durchaus die Möglichkeit, dass der Job am Flughafen schnell zu einer Sackgasse werden könnte.

Sollte eine weltweite Pandemie den Flugverkehr vollständig zum Erliegen bringen können, wäre eine Weiterbeschäftigung dort eher unwahrscheinlich.

Was wäre denn meine Verantwortung in der jetzigen Situation, die sich auch durch mein bisheriges Verhalten so erst ergeben hat?

Wenn jetzt Lulas Lebensgrundlage entfallen würde, ohne dass jemand von uns direkt dafür verantwortlich ist, würde ich mich dennoch mitverantwortlich fühlen.

Also bot ich mich aus dieser Motivation heraus wieder als Problemlöser an und übernahm die laufenden Kosten und Gebühren für den Führerschein.

Sie hatte jetzt so viele Hindernisse überwunden, um dieses Projekt abzuschließen, es fehlte nicht mehr viel und ich wollte nicht, dass sie wieder mal Pech hat, wo sie gerade am Anfang einer so positiven Entwicklung zu stehen schien.

Zumal ich überhaupt keinen Zweifel daran hatte, dass meine aktuell beste Freundin zu ihrem Wort steht und später jeden Cent begleichen wird.

Lula bestand die zweite Prüfung ohne Probleme.

Auf der ersten Fahrt aus der Fahrschule zurück war Lula die begeisterte Fahrerin meines Firmenwagens und sprühte wieder mit dieser erfrischenden Euphorie lauter Wölkchen der nunmehr gewonnenen Möglichkeiten mit dem Führerschein, in Bezug auf ihre Zukunft, in die Luft. Ich erinnerte mich an meine erste Fahrt seinerzeit, nach Aushändigung der Fahrerlaubnis, und spürte es ihr mit einem inneren Lächeln nach.

Wieder hatte mein Engagement Früchte getragen und einen weiteren Fortschritt in Lulas Leben hervorgebracht.
Es schien, als wären wir eine fruchtbare Beziehung eingegangen; ich leiste ein paar Hilfestellungen und sie macht etwas daraus, was auch mich irgendwie mit einem gewissen Stolz erfüllt und das Engagement damit belohnt.
Es war einfach nur schön mit anzusehen, wie Lula ihre Wurzeln ins Leben entwickelte und sich daraus eine Blüte formte, an deren Anblick ich mich erfreuen und in der ich mich auch wiedererkennen konnte. Denn es war mein Dünger und meine Pflege, die dieses Gedeihen ermöglichten.

Umzug ist kein vorrangiges Thema mehr, eine Rückzahlung ist nicht dringlich, wir werden gemeinsam eine tragfähige Lösung dazu finden, gegebenenfalls in Raten zusätzlich zur Untermiete, je nachdem, wie es sich mit den Schichten am Flughafen weiterentwickelt. Das war unser beider freundschaftliche Sicht zu dieser Zeit.

Die Katze ist zurück

Jetzt kommt die Katze mit dem Garn wieder ins Spiel. Lula bemühte sich langsam offensiver auch um meine Zuneigung und Nähe. Sie versuchte unmissverständlich den Mann in mir anzusprechen.

Sie brachte dazu nun häufiger unverblümt das Thema ins Spiel, wie gut sie sich eine Liebesbeziehung zwischen uns vorstellen könnte und sich selbst auch wünschen würde.

Ich hatte damit gerechnet und sah für mich und damit auch für uns verschiedene Probleme.

Eine Beziehung mit einem derartigen Altersunterschied auf Augenhöhe zu gestalten, schien mir nicht möglich. Die Differenz an Erfahrungen ist unüberbrückbar.

Ich wollte mich auf keine neue Beziehung einlassen, nach 13 Jahren Beziehung gefiel mir die Unabhängigkeit inzwischen ausgesprochen gut.

Die aktuelle Situation als Mentor und Vermieter lieferte mir hinreichend Befriedigung und war sowohl erfrischend als auch ungewohnt dankbar.

Du trinkst doch gerne mal exquisiten Rum.
Wir könnten ja auch mal rummachen.

Natürlich fand ich Lula hinreißend und attraktiv. Auch hatte es Situationen gegeben, in denen es mir schon schwergefallen war, an mich zu halten. Wir führten schon quasi eine sehr enge Beziehung und lebten eine Art gemeinsamen Lebens.

Und wenn sie dann Erfolge erzielte, die gemeinsamen Initiativen entsprungen waren, und sich für meine Unterstützung bedankte, berührte sie schon sehr mein Herz und schmeichelte meiner Eitelkeit zudem sehr.

Auch sexuell fand ich sie durchaus attraktiv.

Es gab aber auch deutliche Vorbehalte.

Die unterschiedlichen Sichtweisen auf eine identische Situation hatte ich nicht nur in der Fahrschule erlebt, in welcher die Wahrnehmung des Fahrlehrers und ihre Sicht auf das gleiche Erlebnis erhebliche Abweichungen aufwiesen.

Auch konnte sie Fragen nach dem eigenen Willen und der damit verbundenen Vorstellung und Erwartungshaltung selten so präzise beschreiben, dass ich mir davon auch ein konkretes Bild machen konnte.

Andererseits war sie irgendwie auch eine Klasse für sich und auf eine Art unkonventionell und liebenswürdig, die mich immer wieder wirklich tief berührt hat.

Ich war hin- und hergerissen.

Sie hatte mir so oft ein Bild von mir vermittelt, welches ich einfach auch gerne weiterhin von ihr bestätigt haben wollte. Großherzig, weltgewandt, intelligent, unkonventionell, hilfsbereit, aufmerksam, charmant und liebevoll.

Was sollte ich jetzt tun?

Distanz wahren und den Vermieter und Mentor geben, welcher die Entwicklung des Geschehens und tatsächlich in mir aufkommende Gefühle einfach ignoriert?

Ich habe sie eines Abends dann überraschend zu einem Spaziergang auf den Lohrberg eingeladen und dort, bei Vollmond und dem Panoramablick auf die illuminierte Stadt, meinen Widerstand mit Vorsatz aufgegeben.

Ich öffnete mein Herz, nahm sie in die Arme und bot ihr meine Vorstellung von Romantik und Zärtlichkeit mit einem fast unendlichen Kuss und einem kleinen Gedicht über sie, den Nordstern und unser kleines Universum an.
„Endlich, ich dachte schon, es geht dir nur um diesen wunderschönen Blick auf unsere Stadt", kommentierte sie diesen Moment und wir schwammen auf einer Welle von Endorphinen rumalbernd nach Hause und schliefen miteinander.

Ob das jetzt wirklich intelligent war?
Es war zumindest sehr schön.

Als wir danach miteinander sprachen, war auch schon die nächste Baustelle eröffnet.

Sie hatte sich angeblich bisher nur in Situationen manövriert, in denen sie durch kurze Anweisungen erfuhr, was Männer letztendlich von ihr begehren.

Das Internet hatte sie dann zur Fortbildung genutzt, um es ihren Partnern recht zu machen.

Scheinbar hatte sie noch nie jemand nach ihren Bedürfnissen gefragt oder sich dafür interessiert und sie sich daran gewöhnt, in diesem Kontext keine zu haben.

„Ich hatte noch nie einen Orgasmus beim Sex und ich glaube auch nicht, dass ich das kann. Das geht nur alleine."

„Das ist ja auch keine Katastrophe. Du musst da ja auch nichts können, du brauchst eigentlich nur die Fähigkeit, dich fallen zu lassen und mir zu vertrauen.
Alles andere ergibt sich von allein.
Höre in dich hinein und versuche, deine innere Stimme zu hören und finde mit mir heraus, wann sie Ja und wann sie Nein sagt. Sprich einfach mit mir darüber, was du fühlst und wie es sich anfühlt."

Mir fiel es ziemlich schwer, mich mit der Vorstellung anzufreunden, dass die bisherige Form ihrer Sexualität ihr Freude bereitet. Was war denn dann ihre Motivation, mit einem Menschen intim zu werden?

Ich hatte mich nun darauf eingelassen und wollte auch hier, dass Lula erfolgreich zu sich findet und sich selbst nicht so sehr unter Druck setzt, dass sie sich selbst zu spüren nicht in der Lage ist. Außerdem wollte ich auch hier ihre Anerkennung erlangen.

Also drehte ich die Fragestellung um und bat sie darum mir zu verraten, was sie anspricht, erregt oder das Gegenteil davon auslöst.

Was ist deine Phantasie, was wünschst du dir bzw. was könnte deine Erwartungshaltung sein, wenn es nur um dich gehen würde?

So entstand quasi eine Roadmap der auszuprobierenden Techniken und Praktiken, die ihren Wünschen entsprach und zudem auch meine Phantasie beflügelte.

Sie nannte jetzt nichts, was mich abgeschreckt hätte, auch wenn ich mit dem einen oder anderen Wunsch bisher so noch nicht in Berührung gekommen war.

Ich habe versucht, für uns einen geschützten Raum zu bauen, in dem sie alles fordern oder wünschen kann, was sie anspricht, damit wir dort darin experimentieren können, ohne eine Erwartungshaltung damit zu verknüpfen.

Es geht nicht darum, irgendein Ziel schnell zu erreichen, wir sind ja nicht bei einem Wettrennen, sondern wir suchen den schönsten Weg in einem dunklen Wald.

Umwege erhöhen die Ortskenntnis und jeder Schmetterling, der uns begegnet, ist eine Bereicherung für diese Wanderung.

Es ergaben sich natürlich auch ziemlich skurrile Situationen, die uns eher die Luft vor Lachen genommen haben, als dass wir einem Höhepunkt nahekamen.

Wenn sich zwei Unwissende an ein Thema herantasten, von dem beide keine Ahnung haben, und nur aus irgendwelchen *Tutorials* versuchen, den Kern der Übung zu extrahieren, und dies danach unbekleidet umzusetzen versuchen, wird schnell mal ein Slapstick daraus.

Bis es uns gelungen ist, formschöne und der Ästhetik dienende Knoten in ein Seil zu flechten, die dann auch noch der gewünschten Funktion dienten und nicht aussahen, als hätte hier jemand versucht, betrunken ein Päckchen zu verschnüren, oder die sich vorne schon wieder lösten, während hinten noch geschnürt wurde, vergingen einige Übungsstunden mit anderen Ergebnissen.

Manches Paket von einschlägigen Versendern war schneller wieder auf dem Rückweg, als es brauchte, um anzukommen. Das Produkt sah auf dem Bild gut aus, die Haptik oder der Geruch waren dann aber so gruselig, dass wir es eher als ein Verhütungsmittel als denn als ein Spielzeug wahrgenommen haben, welches die Lust zu steigern oder überhaupt aufkommen zu lassen, geeignet gewesen wäre.

Da waren wir auch immer sehr schnell einer Meinung und sind somit häufiger zum Lachen ins Schlafzimmer gegangen.

Wir fanden zu einer Spielart, die Lula extrem angesprochen hat und mir zudem auch sehr viel Spaß bereitete.

Wir perfektionierten dieses Spiel und damit gehörte die Annahme, dass Lula in diesem Kontext etwas nicht können würde, auch in die Vergangenheit.

Es erschien mir so, dass sie schon erleichtert war, denn zuvor nahm sie an, dass mit ihr etwas nicht stimmte, jetzt wusste sie, dass dem nicht so war. So stellte sie es zumindest dar.

Wir hatten zueinander gefunden, wir lebten zusammen, waren verliebt und ich hatte wirklich allen Grund zu der Annahme, dass diese Partnerschaft ausbaufähig ist.

Aber was sollte die Perspektive für diese Partnerschaft langfristig sein?

Es war langsam etwas gewachsen, in dessen Verlauf aus Begegnung, Bekanntschaft, Freundschaft, Vertrauen, Verliebtheit und letztendlich aus Liebe eine Partnerschaft entstanden war.

Das fühlte sich großartig und erfüllend an, auch wenn Außenstehende dies weder nachvollziehen noch verstehen wollten.

Nachdem wir Weihnachten bei meiner Familie verbracht hatten, erhielt ich im Nachgang kritische Einzelmeinungen, nachdem Lula zunächst sehr willkommen und freundlich aufgenommen worden war.

„Wenn das nicht trägt, und die Umstände lassen das vermuten, dann verlierst du nur einige Jahre deines Lebens, das ist doch ein sinnloses Unterfangen."
War eine der Meinungen.

„Mit jeder anderen Partnerin, mit der es nicht funktioniert, würde es mir ganz genauso ergehen."
War dazu meine Meinung.

Diese Situation verstärkte dann natürlich das Gefühl, dass wir gemeinsam dann im Zweifelsfall eben gegen den Rest der Welt antreten und einfach beweisen, dass es doch funktionieren wird.

Unbestreitbar hatte Lula in den letzten Monaten mich auf ein Podest gehoben, auf welchem ich mich schon sehr aufgewertet und wohl gefühlt habe.
Sie hatte an Selbstvertrauen gewonnen und genoss dies ebenfalls offensichtlich sehr.

Wir begannen die Pläne für eine gemeinsame Zukunft zu schmieden.
Um gegenseitigen Respekt und einen Umgang auf Augenhöhe bei den unterschiedlichen Stärken und Schwächen dauerhaft real zu erhalten, vereinbarten wir den generell offenen und ehrlichen Austausch zu jedem Störgefühl als Basis, die wir uns nun geschaffen hatten und unbedingt erhalten wollten.

Weiterhin entwickelten wir gemeinsam eine Idee für eine Zukunft, mit den Zielen, die wir in der Zeit gemeinsam angehen wollen würden.

Im Wesentlichen lag darin eine Ausbildung für sie, Erkundungen von Asien und Schweden und der Aufbau unseres Fundamentes, was auch die Überlegung einer Ehe eingeschlossen hat.

Mir gefiel der Gedanke, eine dauerhaft tragfähige Lebensgrundlage für uns zu schaffen und der Absicherung dieser bis dahin durch mich. Ich sah es als ein Fördern, Stützen und Beschützen. Wir hatten bis hier schon einige Abenteuer und Herausforderungen bestanden und waren daran gewachsen. Nun gemeinsame Ziele an einem Horizont voller Sternstunden und einer Menge an Arbeit zu sehen, erschien doch als ein logischer Schritt.

Auch dass Lula jetzt das Vertrauen in sich gefasst und unter diesen Umständen einen neuen Lebensweg mit mir einschlagen wollte, sah ich als die Bestätigung unseres bisherigen Weges an.
Ich fühlte mich damit absolut komfortabel und es elektrisierte mich, weiterhin die Rolle als Entwicklungshelfer auszufüllen.

So kann sich Glück anfühlen.

Die Falle schnappt zu

Unser erster Kurztrip führte nach Hamburg, wo wir den Halunder-Jet nach Helgoland betraten und mit diesem Katamaran auf die Insel düsten, um dort eine Nacht zu verbringen und die Insel für uns einzunehmen. Das war jetzt nicht unbedingt spektakulär, dennoch interessant zu sehen, wie die anderen Menschen, deren Altersdurchschnitt deutlich oberhalb des meinigen lag, auf uns als ungleiches Paar reagierten.

Wir hatten unfassbar viel Spaß daran, damit zwischen Oberland und Unterland zu spielen, und an uns.
Es zeigten sich eine tiefe Innigkeit und ein lebhaftes Interesse von Lula an mir als Mensch, als Partner und als Liebhaber.

Wir waren einander so vertraut, als ob wir uns schon deutlich länger kennen würden. Unsere Beziehung war so intensiv und unser Band schien so stark, dass es gegen alle Umweltbedingungen bestehen können müsste. Diese Verbindung erzeugte im Inneren so viel positive Energie und Wärme, dass keine Hindernisse auf unserem zukünftigen Weg unüberwindbar schienen.

Wie mit zwei Eisen vollständig geblendet, kam ich von dieser Reise mit ihr zurück und hatte irgendwie den Faden zu mir selbst aus der Hand gegeben.

Die stetige* Verfügbarkeit von Oxytocin entfaltete wohl langsam ihre kontinuierliche Wirkung.

Ich vertraue Lula blind und wollte weiterhin ihr Beschützer und Wegweiser sein. Aus dem nestlosen Vögelchen unserer ersten Begegnung war ein Schwan geworden, der majestätisch anmutete, wenn er die Schwingen ausbreitete und zum Flug ansetze. Ich war stolz auf sie, weil sie sich so entwickelt hatte, und auf mich, weil ich es ermöglichen durfte. Eine tolle Frau, die von Tag zu Tag selbstbewusster wurde und die ich von Tag zu Tag mehr liebte.

Auch das Schicksal griff ein.

Als mein Vater starb und sie so überzeugend eine empathische Anteilnahme als Partnerin lieferte, war ich nun vollkommen davon überzeugt, in ihr die Frau gefunden zu haben, die auch mich in Krisen auffangen konnte, wenn dies erforderlich sein sollte.

Wer sich in Gefahr begibt, kommt darin um, wie mein Vater zu Lebzeiten gerne zu sagen pflegte.

überdosierte passt hier wohl besser als stetige.

Phase 1 – das Spiel hatte begonnen

Zielgerichtet bemühte sich Lula fortan, meinen Fokus sanft auf Themen zu verschieben, die vorwiegend sie beschäftigten oder interessierten, und schmückte unsere Möglichkeiten mit der bereits bekannten und ansteckenden Euphorie sowie nunmehr auch zunehmend sexueller Aktivität aus.

Um uns unseren langfristigen Zielen gemeinsam zu nähern, regte ich an, dass vielleicht jetzt eine Ausbildung zu beginnen der bessere Pfad als die unendlichen Laufwege im Flughafen sein könnte.

Das nächste Problem tat sich auf.

Ihre schulischen Leistungen waren am Ende der Schulzeit nicht überragend gewesen, da sie eigener Aussage nach in der Schule ein Opfer von Mobbing wurde und dann dort für sich keine Chance mehr gesehen hatte, anerkannt zu werden.

Zusätzlich hatte die Angst vor Prüfungen ihr dann noch die verbliebenen Chancen genommen.

Von dieser Angst wusste ich nur in Bezug auf die theoretische Führerscheinprüfung und diese hatte sie ja dann auch, mit entsprechend intensiver Vorbereitung, erfolgreich abgelegt.

Also machte ich ihr auch anhand dieses Beispiels klar, dass auch diese Angst – wie jede andere – überwunden werden kann und sie bei den nächsten Schritten auch keinesfalls alleine ist.

Wenn das Wissen vorhanden ist, ist auch bei Aufregung und Selbstzweifeln der Nachweis dessen durchaus als realistisch anzusehen.

Ein Thema, welches uns bzw. wohl nur mich noch häufiger beschäftigen sollte.

Ich bot ihr später auch an, die Kosten für eine Sitzung probeweise und bei Erfolg für eine Unterstützung durch einen Hypnotiseur zu übernehmen, damit wir das Thema Prüfungsangst in der Berufsschule in den Griff bekämen. Sie nahm dies dankend an und verfolgte es dann nicht mehr weiter.

Lula suchte nach Ausbildungsplätzen, aufgrund der Sichtweise auf meinen Job erschien ihr wohl der Schritt in die IT als naheliegend, denn dort konnte man offensichtlich auch von daheim mit durchgehenden Telefonaten und Meetings über den Tag einfach gutes Geld verdienen.

Außerdem interessierte sie sich auch für die Technik hinter den Dingen und speziell die Zusammenhänge in der IT waren ihr schon immer zugänglich und daher ein großartiges Feld für die eigene Entwicklung.

Selektive Wahrnehmung ist der Schlüssel zum Irrtum.

Mit ein paar kreativen Anpassungen, die einer begabten Künstlerin nicht schwergefallen sein dürften, ergab sich dann, für mich etwas überraschend zum Stand der vorherigen Aussagen, ein Abschlusszeugnis, welches sich durchaus sehen lassen konnte.

Nur genau hinsehen sollte man an einigen Stellen eben besser nicht.

Denn ein Nachweis von Fähigkeiten, die tatsächlich nicht vorhanden sind, ist ungleich schwerer zu erbringen, als das ein wenig Arbeit mit einem Grafikprogramm bedeutet.

„Richtig machen oder richtig lassen", hatte ich ihr auch schon häufiger gesagt, allerdings nicht damit gerechnet, dass dies derartig zum Betrug animieren könnte.

Diesen Ansatz fand ich nicht gut, wollte aber natürlich, dass Lula eine Ausbildung beginnt, und war ja nun auch absolut bereit, sie dort zu fördern, wo es notwendig war. Und um im Angesicht der Lage und ihrer Situation überhaupt eine Chance auf dem Arbeitsmarkt zu bekommen, erschien dieser Schritt unvermeidbar.

Dass Lula überzeugen konnte, wenn sie eine Chance bekam, wusste zu diesem Zeitpunkt nun wirklich niemand besser als ich.

Also erstellten wir formvollendete Bewerbungsunterlagen und Anschreiben, welche die gewünschte Wirkung erzielten und zu Vorstellungsgesprächen führten.

„Gemeinsam schaffen wir das", war schon häufiger dann unser Motto. Wir verschworen uns auch hier zum Erfolg.

Für mich war zu diesem Zeitpunkt auch primär entscheidend, dass die gemeinsame Idee eines tragfähigen Fundamentes und ein darauf basierender Fortschritt zu unserer Realität wurden.

Dies erweiterte das Vertrauen auf und in eine gemeinsame Zukunft und beförderte den Ausbau der emotionalen Verbindung in erheblichem Maße.

Zumindest bei mir.

Sie fälscht mit spielerischer Leichtigkeit ihre Zeugnisse und ich bewerte das als positiv und zielführend. Wie berauscht war ich von diesem Menschen zu diesem Zeitpunkt bereits? Heute kann ich das nicht mehr ansatzweise nachvollziehen.

Am Ende der verschiedenen Vorstellungsrunden wurde es ein technischer Betrieb, der sich mit Displaylösungen befasste und in dem der Ausbilder vor Begeisterung sprühte, als er die Chance sah, der ersten Frau in diesem Bereich zu einer Ausbildung zu verhelfen.

Lula hatte sich für diesen Betrieb entschieden, da das dortige Betriebsklima deutlich besser war als in den anderen besuchten Unternehmen, sie vor der Entscheidung mehrere Tage in den zukünftigen Ausbildungsplatz reinschnuppern durfte und die Kolleginnen und Kollegen schon kennengelernt hatte, bevor sie unterschrieb.

Das hätte eine Win-win-Situation mit drei Gewinnern werden können.

Island und der Ausbruch eines Vulkans

Das Thema hoher Norden, weil Lula einem Faible für Schweden unterlag, zog sich ja weiterhin wie ein roter Faden durch die Beziehung und ich hatte den Vorschlag unterbreitet, dass ich gerne die bisherigen Erfolge mit einem kurzen Ausflug nach Island, denn mehr Norden geht ja so einfach nicht, würdigen wollen würde.

Mein Vorschlag *„Ich zahle die Flüge, den Mietwagen und die Hälfte der Unterkünfte"* schlug ein wie eine Bombe.

Eine Euphorie-Bombe. Lula hatte zu tun, sie suchte nach den Unterkünften und buchte diese dann auch, wunschgemäß ohne jede Rücksprache, denn ich wollte mich überraschen lassen. Und ich wurde überrascht.

Es war eine der schönsten Reisen meines bisherigen Lebens und wir wurden reichlich belohnt. Geysire, Wasserfälle, Nordlichter, Traumwetter, eine unfassbare Natur, Schwefelquellen, ich könnte hier noch lange Meter schreiben, von der schwarzen Küste und anderen Dingen, die wir dort erlebt haben.
Aber dazu dann später mehr in meiner Reisereportage.

Tausende Kilometer in einem der schönsten Teile der Welt, in einem echten Winter, wie ich ihn nur noch aus der Erinnerung an Kindheitstage kannte.

Lula sorgte dafür, dass ich meine Entscheidung, mich

auf sie eingelassen zu haben, nicht bedauerte, sondern mich fragte, warum ich mich bloß so lange dagegen gewehrt hatte.

Es war ein Traum, durch den ich bei vollem Bewusstsein wandelte, und ich genoss das Leben mit ihr in vollen Zügen.

Wir waren vollkommen gegenwartsklar bei uns und das Gefühl der innigen Seelenverwandtschaft war nicht mehr abzuleugnen.

Ich war vollkommen beeindruckt, wie eine so junge Person schon so eine gereifte Persönlichkeit sein konnte, und natürlich auch davon, dass wir uns ohne Worte verständigen konnten und häufig die gleichen Bilder im Kopf hatten.

Wir waren auf eine Wellenlänge synchronisiert.
Würde ich diese Frau jemals wieder hergeben wollen?

Sicher nicht!

Ich hatte mich im Gespräch auf unserer ersten Fahrt nicht getäuscht.
In diesem Menschen schlummerte Potential, sie hatte bisher nur noch nie eine echte Chance bekommen, das auch zu zeigen und etwas daraus zu machen. Sie hatte wirklich einfach viel Pech bisher.
Davon hatte sie mich jetzt vollends überzeugt.

Und das würde sich ab jetzt ändern!

Dazu würde ich zumindest weiter tatkräftig beitragen wollen.

Auch dieser Traumurlaub endete natürlich und wir schlüpften wieder in den Alltag. In diesem Alltag kam dann auch die Frage auf, wie Lula unseren Plan alleine vollenden könnte, wenn mir etwas passieren sollte.

Sie machte sich Sorgen, ob unsere gemeinsame Planung nicht auch für sie Risiken enthält, die mit entsprechenden Ängsten in ihr verbunden sind.

Wir hatten ja schon mal über eine Hochzeit nachgedacht und im Grunde war es doch jetzt ein guter Zeitpunkt, das Nützliche mit dem Sinnvollen im Sinne unserer Liebe zu verbinden und ihr damit die Sicherheit zu geben, dass dieser nächste Lebensabschnitt für sie, auch bei etwaigen Schicksalsschlägen, unumkehrbar bleiben kann.

Ich erbat mir etwas Bedenkzeit, habe sie aber am nächsten Werktag in meiner Lebensversicherung als Begünstigte hinterlegen lassen.

Diese Angst war ja durchaus plausibel, für mich nachvollziehbar und von mir mit einem Federstrich zu beseitigen.

Ich wollte ja unbedingt, dass Lula etwas aus ihrem Leben macht, selbst wenn ich das, warum auch immer, nicht mehr erleben sollte.

Nach reiflicher Überlegung bat ich sie eine Woche später dann, in dem romantischen Rahmen eines französischen Restaurants, tatsächlich meine Frau zu werden; unter der Bedingung, dass ich zuvor ihre Familie kennenlerne. Jetzt erbat sie sich etwas Bedenkzeit.

Ich wäre der Erste, den sie vorstellen würde, und die heimischen Verhältnisse wären nicht so, dass eine solche Aktion nicht eine gewisse Vorbereitung erfordern würde.

Wir haben dann eine Auswahl unserer Bilder aus Island online gestellt und ihrer Mutter und ihrem Vater den Link dazu gesendet, damit ein erster Eindruck der persönlichen Begegnung vorweggenommen, den Pfad ebnet.

Das Feedback dazu war angeblich positiv und Lula überlegte intensiv, wie sie den nächsten Schritt realisieren wollte.

Unser Alltag bot dann eine erneute Überraschung und das nächste Problem.

Der Beginn der Ausbildung erwies sich jetzt wider Erwarten nicht gerade als der große Glücksgriff und die anfängliche Euphorie überlebte die Realität nur um etwa einen Monat. Alle doof da in dem Laden, wenig der dringend benötigten Anerkennung für das eigene Selbst, und die Erwartungen des Betriebes deckten sich überhaupt nicht mehr mit den Erwartungen von Lula.

Hier ergab sich nun anscheinend auch eine hartnäckige Problemlage, die mit gutem Zureden allein nicht zu lösen war.

Ich war vollkommen überrascht von dieser Entwicklung und verstand unsere Welt gerade nicht mehr.

Was war passiert?

Die Euphorie nach den Probetagen und die bisherige Vorfreude auf den Ausbildungsbeginn war nicht wiederzufinden.

Ich war erschüttert, wie sich die Wahrnehmung und die Situation so abrupt ins Gegenteil verkehren konnte.

Ich spürte bei ihr eine Verzweiflung, konnte den Ursprung dieser aber nicht erfassen.

Jetzt spürte ich zum ersten Mal in dieser Partnerschaft Hilflosigkeit.

Je mehr ich versuchte, den Grund oder die Motivation ihres Verhaltens zu finden, umso verzweifelter gerierte sich Lula.

Der erste Schreikrampf mit Bodenwirbel, den ich in Farbe und live erleben durfte, fand in unserer Küche statt und ließ mich erschrecken.

Lula ließ sich einfach zu Boden fallen, rollte sich auf die Seite und drehte sich laut wimmernd im Kreis.

Ich legte mich daneben, nahm sie in die Arme und stoppte so zwar die Rotation, dafür wurde aus dem Wimmern Schluchzen.

Ich strich ihr über den Kopf und bat sie, sich auf ihre Atmung zu konzentrieren und ruhig Luft zu holen – und auch ebenso kontinuierlich wieder auszuatmen.

Sie beruhigte sich langsam und wir beide lagen schlussendlich in einer Pfütze aus ihren Tränen.

Ich leide mit und spüre ebenfalls Verzweiflung in mir.

Was war hier gerade passiert?

Ich weiß es nicht und werde es auch nie erfahren.

Mein Interesse, es herauszufinden, endet damit, dass Lula aus ein paar wenigen alltäglichen Situationen in dem Betrieb in ausschweifendem Maße Probleme herbeiphantasiert, die ich partout nicht sehen konnte oder wollte.

Ihre Erläuterungen ließen mich noch ratloser zurück als diese Panikattacke, die ich gerade erlebt hatte.

Jeder Versuch, hier eine Problemlösungsstrategie zu suchen, wurde rigide abgeblockt.

Es wäre selbstverständlich obendrein vollkommen sinnfrei gewesen, eine Lösung für ein Problem zu suchen, welches überhaupt nicht bekannt ist.

Ein neues Gesicht der Frau, die ich liebte und die sich so bislang noch nicht gegeben hatte, hat sich offenbart und ich wusste nicht, wie ich damit jetzt umgehen soll.

Ich verspürte Mitleid, hatte aber leider überhaupt keine Ahnung, was das jetzt bedeutete.

Nachdem sie sich vollständig beruhigt hatte, führten wir über mehrere Tage dazu Gespräche und ich habe ausdrücklich darauf hingewiesen, dass es immer einen alternativen Weg gibt, wenn sie diese Ausbildung dann doch nicht beschreiten will oder kann. Ich würde sie bei der Findung natürlich auch unterstützen, ich bräuchte eben nur entsprechende Infos, was es denn nun werden soll.

Diese Frage sollte sich kurz darauf ohne mein Zutun von selbst beantworten.

Im weiteren Verlauf ergaben sich derartige Situationen dann, wenn Lula um jeden Preis etwas durchsetzen wollte und dazu keine überzeugende Story parat hatte.

In diesen Fällen konnte sie von einer Sekunde auf die Nächste sich vollkommen in Tränen auflösen und damit zunächst Mitleid erregen. Mit dieser Strategie erreichte sie zumindest temporär, dass ich auf ein intensives Hinterfragen des jeweiligen Ansinnens zunächst verzichtete.

Bei späteren Nachfragen hatte sie sich dann eine plausible Geschichte zusammengestrickt, die auf den zwischenzeitlich gesammelten Erkenntnissen aus meinen Aussagen zu eben dem Thema basierte.

Eine durchaus geschickte und zeitweilig gut funktionierende Maßnahme, um meine Sicht zu spiegeln und als jeweils ihre eigene Motivation zu präsentieren.

Aus heutiger Sicht bin ich über meine Arglosigkeit in diesen Situationen weiterhin entsetzt und kann mir das nur durch mein blindes Vertrauen in Lula zu dieser Zeit erklären.

Phase 2 – Change Management

Lula überraschte mich dann in der darauffolgenden Woche mit einem Bewerbertag in Chemnitz, in welchem ein IT-Systemhaus nach geeigneten Auszubildenden und Umschülern suchte.

„Da muss ich hin. Das ist ja auch ein höherwertiger Abschluss, den ich dort erlange, und die vergüten auch deutlich besser. Und das ist ein Konzern und nicht so eine Klitsche wie die hiesige Bude."

„O.k., Lula, wenn du schon in den ersten Monaten deiner Ausbildung direkt Karriere machen kannst, werde ich natürlich auch das unterstützen."

Lula reist zu der Veranstaltung und kommt am Abend mit einer entsprechenden Zusage für eine Ausbildung heim. Die Euphorie ist schlagartig zurück. Das will ich unbedingt, war ihre neue Überzeugung.

Ich bin ein wenig von der Entwicklung überrascht, ahne aber noch nichts wirklich Böses.

An diesem Abend besprechen wir die Situation und ich rate ihr dringend dazu, dieses Angebot dann auch anzunehmen und diese wunderbare Chance zu nutzen. Lula bricht wieder in Tränen aus, weil das ja mit meinen ihr bekannten Vorstellungen in Bezug auf eine Fernbeziehung offenkundig nicht harmoniert.

Ich nehme ihr jede Sorge und versichere, dass ich für uns natürlich auch diesen Aufwand gewillt bin zu tragen. Es wird ein entspannter, harmonischer Abend, an welchem wir uns gegenseitig der Stabilität unseres bisher gegossenen Fundamentes versichern und den Plänen der gemeinsamen Zukunft ein paar weitere Details hinzuspinnen.

Ich spürte eine wahnsinnige Erleichterung, dass diese Wendung der jüngsten Ereignisse nun so scheinbar positiv verlaufen ist und wieder Freude und Innigkeit bei uns Einzug gehalten hat.
Warum sollte ich mir jetzt den Kopf darüber weiter zerbrechen, was letzte Woche geschehen ist, wenn sich doch jetzt eine neue Perspektive ergeben hat und Lula auch wieder mit sichtlicher Begeisterung unsere Ziele verfolgt.

Diese Stimmung war dann für Lula wohl auch der richtige Zeitpunkt, mit mir darüber zu sprechen, dass sie doch sehr unter den Schulden von fast 900,– € leide, welche sich aus meiner Unterstützung im Zusammenhang mit ihrem Führerschein ergeben hatten.

Ich habe ihr dann angeboten, dass wir einen Schuldschein verfassen, der aus zwei wesentlichen Merkmalen besteht:
1. Wenn die nun begonnene 2. Ausbildung in Chemnitz erfolgreich abgeschlossen wird, verfällt jeder Anspruch und sie ist schuldenfrei.

2. Wenn sie diese Ausbildung auch abbricht, zahlt sie den Betrag in zwölf Raten zurück.

Diese Idee fand ihren Zuspruch und wurde ausdrücklich als sehr fair und motivierend bezeichnet. Wir setzten ein entsprechendes Dokument auf, welches wir beide unterzeichneten.

16 Monate später warf sie mir dann dazu vor, dass ich mit diesem Schuldschein von vornherein und sicherlich auch vorsätzlich ein Abhängigkeitsverhältnis geschaffen hätte, um sie zu unterdrücken.

Bei der Unterschrift waren wir bereits 18 Monate liiert und die Vereinbarung basierte auf unserer angeblich gemeinsamen Lebensplanung zu ebendiesem Zeitpunkt. Aus meiner Sicht war dieser Ansatz eine zusätzliche Motivation, die nächste Ausbildung nicht direkt unter Tränen abzubrechen, wenn sie wieder in eine Stimmung verfällt, die sie mir nicht einmal im Ansatz verständlich erklären kann. Wenn das als Druckmittel anzusehen ist, müsste ich natürlich auf schuldig plädieren. Ich sehe es weiterhin nicht so, meine Motivation war eine andere.

Aus heutiger Sicht betrachtet, muss ich zudem erkennen, dass eine einvernehmlich abgestimmte und beschlossene Idee oder Vorgehensweise sich mehrfach seitens Lula im Nachhinein als ursprünglich dann doch nicht mehr als ihr eigentlicher Wille erwiesen hat. Zumindest dann nicht, wenn sich eine Konsequenz aus ebendieser Entscheidung andeutete. In derartigen Fällen sollte idealerweise die Entscheidung nachträglich so geändert werden, dass die Konsequenz obsolet wird.

Lula hat eine passende Wohnung in Freital gefunden, 1,5 Zimmer, bezahlbar und nur 20 Minuten mit dem Zug zum zukünftigen Arbeitsplatz in der Zweigstelle in Dresden, wo die Ausbildung erfolgen sollte.
Wir fangen langsam wieder mal an, die Umzugskartons zu füllen.
Ich organisiere den zweiten Umzug für Lula, diesmal von Frankfurt nach Freital, 500 km im Transporter. Diesmal allerdings mit erstaunlich wenig der bekannten Euphorie, im Vergleich zur ersten Tour von Leipzig nach Frankfurt.

Lulas Plan fängt an sich zu entwickeln und nimmt konkrete Formen an.

Die erste Phase war nun abgeschlossen.
Blindes Vertrauen und Liebe sind meinerseits etabliert, jetzt bedarf es dringend der Distanz und die ist bei dieser Entfernung definitiv gegeben.

Es läuft, für Lula.

Implementierung Gaslighting

Auch aus meiner Sicht läuft es bisher weiterhin gut. Die neue Ausbildung lässt sich scheinbar besser an, die Fahrerei ist lästig, aber machbar. Lula ist inzwischen stolze Besitzerin eines vom Vater überlassenen Kraftfahrzeugs und damit auch mobil.

Wir sehen uns fast jedes Wochenende und nehmen uns zwischendurch auch mal ein paar Tage frei, die Lula dann meistens in Frankfurt verbringt.

Das Feedback im neuen Betrieb ist extrem positiv, Lula fühlt sich anerkannt und erfährt Wertschätzung.
Ich genieße weiterhin unsere Liebe.

Wir leben das Leben in Frankfurt und Dresden.
Bars, Konzerte, Kino, Kabarett, Theater; wir gehen essen und kochen auch weiterhin gerne gemeinsam. Bewusst oft auch so, dass es für sie auch noch für die nächste Woche in Freital reicht.

Es fühlt sich nach wie vor wie eine stabile, solide Beziehung an.
Lula berichtet regelmäßig von den Fortschritten ihrer Planung eines gemeinsamen Besuches in ihrer Heimat und wie sie sich das vorstellt.
Ich bin begeistert, es läuft wieder absolut harmonisch und wir sind, Hand in Hand, auf einem guten Weg unseren Zielen näher zu kommen.

„Freital liegt ja ziemlich ab vom Schuss, und eine Kollegin eines Arbeitskollegen, dessen Schwippschwager, deren Tochter oder so ähnlich möchte seine Gästeapartments in der inneren Neustadt von Dresden wegen Corona zukünftig lieber dauerhaft als tageweise vermieten, habe ich mir angesehen, ist wunderschön und die Lage ist der Hammer. Mitten im hipsten Viertel der Stadt.
Das will ich unbedingt!"

Dies war das erste Mal, dass ein Anliegen im Detail derartig verworren vorgetragen wurde.
Wer ist der Vermieter, woher kennst du den jetzt genau, wäre mindestens eine Frage wert gewesen.

Dennoch machte ich mir über solche Details zu diesem Zeitpunkt überhaupt keine Gedanken.
Obwohl ich ein absoluter Freund klarer Sprache bin.
Ab hier hätte ich bereits wachsamer werden müssen.
Denn dies blieb keine Ausnahme, es war der Beginn einer veränderten Kommunikation.
Diese Veränderung diente nur einem Zweck, Missverständnisse herbeizuführen und tatsächliche Inhalte zu maskieren.

Natürlich, aller guten Dinge sind drei, also folgt der nächste Umzug.

Diesmal jedoch nur 50 km Distanz.

Es wird also zumindest deutlich besser, was den Aufwand in Verbindung mit Standortwechseln betrifft.

Die Entfernung nach Frankfurt verändert sich im Wesentlichen nicht.

Lula ist glücklich und vergisst, wohl vor lauter Freude, mir mitzuteilen, dass unsere Partnerschaft – aus ihrer Sicht – jetzt am Ende ist und unsere Ziele sie ab jetzt nicht mehr wirklich interessieren.

Mitten im Leben angekommen, Ausbildung läuft, wir einigen uns auf eine zusätzliche, regelmäßige monatliche Ausbildungsunterstützung durch mich, denn es wird ja immer alles teurer wegen Corona und sowieso. Ich hatte ihr meine Unterstützung zugesagt und stehe auch jetzt zu meinem Wort.

Es mehren sich die Wochenenden, an denen wir uns nicht sehen können.

Schulischer Stoff, Projektarbeiten, Erschöpfung oder irgendwas anderes sind die wiederkehrende Ursache.

Die Distanz wächst langsam weiter, diesmal zum Glück ohne weitere Umzüge.

Ich reagiere zunächst mit Verständnis, erlaube mir aber durchaus gelegentlich daran zu erinnern, dass eine Fernbeziehung für mich dann doch erheblich an Attraktivität einbüßt, wenn wir nur noch telefonieren können und ein echter Austausch zwischen uns inhaltlich bestenfalls noch das Niveau der Nordsee bei Ebbe erreicht. Es fühlte sich für mich zudem nicht mehr gut an.

Wir wussten ja vorher, worauf wir uns einlassen, und haben gemeinsam entschieden, es so zu tun. Da habe ich dann auch eine klare Erwartungshaltung an das Ergebnis und gebe dies auch wiederholt zu Protokoll.

Lula zieht es unbeeindruckt davon durch.

Waren es anfangs nur zwei Wochen, in denen ein Treffen unmöglich war, sind es jetzt auch mal sechs Wochen. Auch vollkommen unabhängig davon, wer die Fahrt auf sich nehmen wollen würde. Die Kosten dafür lagen sowieso bei mir.

Die Diskussionen um dieses Thema nehmen mehr Raum ein und werden zunehmend zur Belastung.

Die angebotenen Geschichten klingen für mich zudem nicht mehr wirklich nachvollziehbar und entsprechende Nachfragen bringen auch keine echten Erkenntnisse mit sich, die dieses Verhalten verständlich begründen würden.

Also schleicht sich langsam ein Misstrauen ein, welches natürlich zu tiefergehenden Fragen führt. Auch hier werde ich ungefragt wieder Teilnehmer an spontanen Schreitherapieeinlagen, die auch mal zu abrupten Unterbrechungen der Verbindung führen und nur eine kurze Nachricht im Messenger nach sich ziehen:

Kann gerade nicht mehr sprechen, bin zu aufgeregt.

Stop-and-go

Wir sind beide alt genug und ich zudem zu alt für so einen Kindergarten.

Ich habe einen längeren Text verfasst – wenn Telefonieren nicht funktioniert, dann vielleicht Schreiben –, der am Ende detailliert begründet und in der Konsequenz dann das Ende dieser Beziehung aus meiner Sicht zum Ausdruck bringt.

Ich habe an diesem Abend wirklich um viele Worte gerungen und durchaus ein paar Tränen vergossen, weil das Schöne in der Erinnerung mich einfach nicht die jetzige Situation akzeptieren lassen wollte, dass jetzt so das Ende aussehen wird und die ganze Energie verpufft ist.

Wofür und warum?

Lula reagiert kurzfristig mit einem Besuch in Frankfurt und überschüttet mich mit ihrer grenzenlosen Liebe und macht mich vollkommen zu dem Idioten, der das alles vollkommen falsch aufgefasst und überbewertet hat.

Außerdem erklärt sie jede Situation glaubwürdig und redet mir erfolgreich ein, dass ich Gespenster sehe.

Unter herzzerreißenden Tränen gelobt sie Besserung und verspricht mir in die Hand, dass alles wieder so wird, wie es früher einmal war.

Bedingt durch die Entfernung, habe ich das so natürlich nicht geglaubt, dennoch dachte ich, eine Episode wäre beendet, an der ich mein Missfallen ja nun eindeutig und unmissverständlich zum Ausdruck gebracht hatte, und Besserung wäre in Sicht.

Natürlich durfte ich auch zur Kenntnis nehmen, dass es sie schon sehr enttäuscht, gekränkt und verletzt hat, dass ich die Beziehung einseitig für beendet erklärt habe, ohne es vorher mit ihr zu erörtern.
So was tut man doch nicht.
Aus meiner Sicht war es zwar die vorhersehbare Reaktion und Konsequenz auf vorherige Aktionen ihrerseits, und der mehrfache Versuch, das Gespräch dahingehend zu suchen, war ja nun nachweislich regelmäßig gescheitert.
Mit dieser Sichtweise drang ich jedoch offensichtlich nicht wirklich zu ihr durch.

Mit einem schlechten Gewissen und Erleichterung, dass jetzt, nach dieser Aussprache, ihren Zusagen und der dargebotenen Show alles wieder in Ordnung war oder sich zumindest bessern wird, endete dieses Wochenende für mich.

Irren ist menschlich und ich habe mich vielleicht doch nur getäuscht.

Für Lula war hingegen klar, dass sie jetzt vollkommen freie Bahn hat. Das implementierte Gaslighting funktionierte einwandfrei und sollte jetzt nach Belieben bei mir für Hitze oder Kälte sorgen und ich würde mich jederzeit wieder davon steuern und mich letztendlich auch zu den Reaktionen hinreißen lassen, die sie von mir erwartete. Und zudem jetzt auch noch nach dem Fehler vorrangig bei mir suchen.

Meine Zweifel bezweifelte ich ja nun gerade erfolgreich.

Und was soll ich sagen, in dieser Phase lag sie damit wohl richtig und ich wusste überhaupt nichts von derartigen Strategien und wie mir geschah, als Lula dann wieder ohne jede empathische Empfindung und im vollen Bewusstsein dessen beliebig zur Manipulation überging, um nur noch ihre Ziele zu erreichen.

Mit meinem heutigen Kenntnisstand ist mir bewusst, dass es Menschen mit derartigen Persönlichkeitsstörungen um nichts anderes geht als um ihre Wertschätzung und Anerkennung und die erfolgreiche Manipulation anderer Menschen, um diese zu erlangen.
Sie haben sehr früh im Leben gelernt, dass nur ihre Wünsche und die fortwährende Anerkennung ihrer Einmaligkeit einen Wert darstellen. Wodurch dieses Bedürfnis bedient wird, ist vollkommen unerheblich, wie es auch die Bedürfnisse und Wünsche aller anderen Beteiligten an diesem Spiel sind.

Arroganz und Überheblichkeit im Denken und Handeln ist die Leitlinie in diesem Konzept.

Sie lernen sehr früh durch geschicktes Fragen herauszufinden, was ihr Gegenüber will, und spiegeln dann dessen Erwartungen als ihr Angebot.

Das klappt hervorragend, wenn es mit der Fähigkeit gepaart wird, den Gesprächspartner mit verwirrenden Aussagen von seinem Ziel abzubringen und ihm das Wort so lange im Munde herumzudrehen, bis er daran Zweifel entwickelt, ob er mit seiner Argumentation überhaupt richtigliegt.

Also entwickelt sich die Situation jetzt zunächst wie von Lula geplant und vorgegeben. Es folgt eine Phase der Normalität mit absolut zuverlässig umgesetzten Vereinbarungen.

Dann gibt es wieder spontane schulische Herausforderungen oder beliebig andersartige Problemlagen, bei deren Bewältigung der Partner beim besten Willen nicht unterstützen kann, diese erfordern dann natürlich Zeit. Sehr viel Zeit. Insbesondere auch die Zeit an potentiell als gemeinsam verplanten Wochenenden.

„Ich muss das alleine schaffen, sonst kann ich damit auch nicht in der Prüfung bestehen."

„Aber ich kann dich doch abfragen und dich bei der Verfestigung des Wissens unterstützen, welches du dir

erarbeitet hast. Hat beim Führerschein doch auch sehr gut funktioniert."

„Leider nein, so funktioniere ich gerade nicht. Ich brauche Zeit für mich. Sonst funktioniert das alles nicht."

Es wird schon gezielt, weil widersprüchlich zu bisherigen Erfahrungen, der Eindruck erweckt, dass hier wieder nicht mit offenen Karten gespielt wird, insbesondere dann, wenn die vorgeblichen Lernziele dann später aus unvorhersehbaren Gründen leider kurzfristig verschoben werden mussten.

Unvermittelte Kopfschmerzen, welche nur durch stundenlange Spaziergänge zu bewältigen sind, können so eine Planung negativ tendieren.

Ebenso wie spontane Events des Vermieters, die eine herzliche Einladung beinhalten und nur mit Unhöflichkeit abzulehnen gewesen wären.

Wer möchte schon eine leidende Partnerin, die auch noch unhöflich ist?

Das Leben passiert eben, während wir andere Pläne machen. Das verstehe ich, mit meiner Lebenserfahrung, doch ganz sicher.

Als Mensch mit Empathie glaubt natürlich niemand, dass die geliebte Partnerin, gerade nach der bisherigen Historie, erneut den Ansatz verfolgt, wieder mit einem zu spielen – und nichts anderes passiert zu diesem Zeitpunkt bereits schleichend intensiver.

Es gibt alles nur noch zu ihren wahllos definierten Konditionen zu unvorhersehbaren Zeitpunkten.

Kompromisse sind Teufelszeug geworden und wurden komplett aus allen Abstimmungen verbannt.

Es gilt nur noch Lulas Sichtweise und darauf basieren alle verbliebenen Optionen. Diese Haltung weitet sich langsam auf alle Themenbereiche aus.

Auf deutliche Widersprüche zwischen ihren Aussagen im Zeitverlauf hingewiesen, wurde dann immer ein Irrtum meinerseits, ein mögliches Missverständnis oder der Sachverhalt wurde ihrerseits so in dieser Form nie vorgetragen, bzw. war seinerzeit natürlich ganz anders gemeint.

Diese strategische Neuausrichtung unserer Kommunikation ihrerseits war nicht wirklich frei von Komplikationen, da ich keinerlei Veranlassung gesehen habe, mir einreden zu lassen, dass ich mich kognitiv gerade in einen Zustand der Alltagsinkompetenz hineinentwickle.

Es gibt für sie zwei Arten der Anerkennung, die sie sich hierbei selbst generiert:

1. Sie schafft es, dass ich irgendwann emotional reagiere, weil das Maß an Unsinn, welches ich mir gewöhnlich anzuhören bereit bin, erreicht ist, und sie meine Sichtweise schlicht dauerhaft ins Leere laufen lässt – damit bestätigt sie sich, dass sie es einfach

draufhat und mich vollständig und gezielt steuern kann, denn ich reagiere ja für sie vorhersehbar zu dem Zeitpunkt darauf, zu dem sie es durch gezielte Verwirrung oder ihre Ignoranz initiiert.

2. Nach meiner Überreaktion mich dann wieder einzufangen und mir wortreich zu erklären, dass ich mich im Irrtum befunden habe, weil ich sie falsch verstanden habe. Danach ist wieder alles geklärt und ich darf mich wieder in ihr Laufrad einphasen.

Wenn ich dann auch noch meine Fehler in der Situation vermeintlich einsehe, um die Situation zu deeskalieren, gewinnt sie erst recht das Gefühl, die vollständige Kontrolle über mich zu haben.
Denn sie weiß ja ganz genau, dass das alles Mumpitz ist. Wenn ich dann in der Form meiner Entschuldigungen liebevoll und wertschätzend bin, ist das ja nur fair, meine freiwillige Entscheidung und beweist meine Einsicht. Zumal sie ja auch wirklich jede Mühe wert ist.

Aus ihrer Sicht.

Mein Lohn für diese Farce ist dann ihre großzügige Vergebung für meine Fehler.

Als ein wesentliches Merkmal sehe ich heute den Umstand an, dass das Bedauern ihres zugrunde liegenden Fehlverhaltens zu diesem Zeitpunkt kaum mehr der Erwähnung bedurfte, mein Verhalten oder ein

einfach unterstelltes Misstrauen jedoch von Mal zu Mal
schmerzhafter für sie war.
Sie leidet gekonnt von Mal zu Mal mehr unter solchen
Situationen, die gerne vorgeblich aus einem
Missverständnis resultieren und damit natürlich auch die
weitere Dimension, die des Vom-Partner-nicht-mehr-
verstanden-Werdens, geschmeidig eröffnen.

Keine Sorge, hier ist dann auch kein besseres
Verständnis mehr zu erzielen, denn dazu bräuchte es
Offenheit und den Willen, ein vorhandenes Problem zu
identifizieren und anzugehen.
Für eine Seite besteht aber überhaupt kein Problem.
Lula hat sich längst dafür entschieden, nicht mehr
nachvollziehbar zu agieren, und denkt überhaupt nicht
daran, Erklärungen für ihr Verhalten zu liefern.

Kontinuität und Transparenz dürfen fortan nur noch in
eng von ihr begrenzten Korridoren Geltung erlangen.

Regelmäßig werden in unseren Gesprächen meine
Aussagen einfach gespiegelt und eine inhaltliche
Kommunikation dadurch natürlich unmöglich.

„Lula, kann es sein, dass es ein Problem gibt, über das
wir mal reden sollten oder müssten?
Ich fühle mich gerade häufig nicht wohl mit deinen
Verhaltensweisen und damit, wie du sie mir erklärst.
Kannst du meine Wahrnehmung nachvollziehen und wie
ist deine Sicht darauf?"

„Das ist ganz einfach. Du hast doch ganz offensichtlich ein Problem mit mir, sonst würdest du doch nicht mit deiner Partnerin so umgehen, die du vorgibst zu lieben.
Sind das für dich alles nur Worthülsen?
Siehst du wieder Gespenster?
Mit deinem Misstrauen machst du noch alles kaputt."

An dieser Stelle würde ich jetzt als aufmerksame/r Leser/in sagen, das ist doch nun wirklich einfach zu durchschauen, warum sollte man an dieser Stelle nicht seinen Verzicht gegenüber dem Laufrad üben und die Spielfläche, die dem Sandkasten eines städtischen Kindergartens gleicht, in welchen sich zudem auch noch alle Katzen des umliegenden Viertels erleichtern, einfach verlassen?

Emotionen, Hoffnung und ja, auch der Sex, zugegeben, sind das wirksame Gegengift gegen Erkenntnis und den rationalen Verstand. Lula wusste offenbar sehr genau, wann sie an meiner Schmerzgrenze operierte und in welcher Dosis ich das dann von ihr verabreicht bekommen musste, um den Irrsinn, dem ich aufgesessen war, nicht endlich zu erkennen.

Es war ein permanentes Wechselspiel zwischen Phasen, in denen sie so liebenswert, einfühlsam, zärtlich und charmant wie eh und je war, und Phasen, in denen sie unberechenbar und grundlos zur sofortigen Eskalation neigte, wenn sie sich nicht sofort mit ihrem Willen durchsetzen konnte.

Natürlich fehlte zwischendurch der regelmäßige Hinweis auf vergangene Tage und ausgeschmückte Details, die gemeinsam als schön empfunden wurden, dabei nicht.

Und da möchten wir ja wieder gemeinsam hin.

Also sie auf jeden Fall, ist eben nur die Frage, ob ich da noch mitmöchte.

Sie hatte immerhin gut 1,5 Jahre Zeit investiert, um ein Gefühl dafür zu entwickeln, in welchen Grenzen sie sich bewegen muss, um das Spiel für sich am Leben zu halten und ihre permanenten Grenzverletzungen weiter zu perfektionieren. Und natürlich auch, welche Szenen sie theatralisch spielen muss, um sich weiterhin meines Glaubens an ihre Gefühle zu versichern oder mein Mitleid zu erwecken.

„Gotti, sind dein Humor und deine Lebensfreude diesmal ohne dich auf Reisen gegangen?"

Diese Frage aus meinem nahen Umfeld verpasste mir auf einer Geburtstagsparty einen feisten Tiefschlag.

Hatte sich bereits meine Außenwirkung verändert, weil ich laufend mit dem Gefühlschaos in mir vorrangig beschäftigt war, welches Lula zunehmend auslöste?

Ich wurde noch nachdenklicher, was mich dann in der Folge natürlich noch weiter verunsicherte.

Ich liebte Lula wirklich über alles und genau das fing an, mir jetzt diffuse Schmerzen zu bereiten, und diese wurden offenkundig bereits von außen sichtbar.

Ich konnte nicht richtig greifen und begreifen, was mir gerade widerfuhr.

Ich erhielt von einem Freund den Hinweis, dass sich meine Situation für ihn wie *Gaslighting* anhören würde. Dieses Thema sagte mir zunächst überhaupt nichts. Die nachfolgende Recherche machte mich komplett fassungslos.
Über dieses Thema gelangte ich dann zum Themenkomplex des weiblichen Narzissmus und aus den erschreckenden Erkenntnissen zu den unübersehbaren Parallelen nicht mehr heraus.
Die dort beschriebenen und als pathologisch klassifizierten Verhaltensmuster, die auf eine ernsthafte Störung hindeuteten, hatte ich in den letzten neun Monaten hautnah und zunehmend intensiver erlebt.
Sicher kamen mir einige Verhaltensweisen von Lula schon immer etwas schräg oder unreif vor.
Bei den Unterschieden, die zwischen uns bestanden, war dies doch aber auch überhaupt kein Wunder und absolut nachvollziehbar.
Zudem war ihre Andersartigkeit auch gerade ein Teil des Reizes, welchen sie mal auf mich ausgeübt hatte und mich dazu brachte, mich in sie zu verlieben.
Somit waren Anteile dieser Verhaltensmuster eigentlich ein integraler Bestandteil unserer Beziehung.

In den letzten Monaten war ihr Verhalten schon deutlich extremer geworden und ihre sanfte Seite war zunehmend einer ziemlichen Härte im Verhalten und ihrer Sprache gewichen.
Dass sie nach Anerkennung geradezu süchtig war und wie sie sich generell, im Vergleich zu anderen

Menschen und deren Fähigkeiten, weit überhöht einordnete, obwohl ihre bisherigen Leistungen und deren Resultate dazu keinerlei begründeten Anlass boten, war schon frappant.
Auch dass sie sich zudem weiterhin einer Hochbegabung und wahren Leidenschaft als Künstlerin berühmte, ordnete ich als Auffälligkeiten in ihrem Wesen bislang als unschuldige und eher liebenswürdige Spinnerei ein, die sich mit der Zeit und mehr Lebenserfahrung noch rauswachsen würde.

Seitdem ich Lula kannte, hat sie nicht das geringste Interesse an einer künstlerischen Betätigung oder auch nur eine einzige entsprechende Aktivität gezeigt.
Bei neuen Herausforderungen gab es eigentlich immer zunächst Ängste oder massive Probleme, die reflexartig in einer Vermeidungsstrategie mündeten.
Misserfolge führten generell zu grandiosen Dramen und waren am Ende dann immer einfach nur Pech.
Selbst minimale Erfolge wurden immer zu einem Event aufgebauscht und schier endlos erwähnt.
Selbstreflektion führt bei ihr ausschließlich zu einer Sichtweise auf die Fehler anderer Personen.
Kritik ist generell unangemessen und basiert letztendlich immer auf einem Missverständnis.
Gab es in den letzten drei Jahren auch nur einen einzigen Fehler, der ihr unterlaufen war oder für den sie wirklich Verantwortung übernommen hat? Nein!

Macht Liebe wirklich blind?
Die Antwort lautet: Ja.

Endgame

Kurz nach der Vollendung des dritten gemeinsamen Jahres habe ich dann, auf eine erneute kurzfristige Absage eines länger geplanten Wochenendes, bei der mir sowohl Intuition als auch Verstand zu ihrer Begründung zweifelsfrei signalisiert hatten, dass es sich hier nur um eine dreiste und zudem bemerkenswert dumme Lüge handeln konnte, so reagiert, wie sie es sich vermutlich auch durch diese Absage vorgestellt hatte. Passenderweise an einem Freitag, den 13.

Ich trennte mich abschließend von ihr.

Damit hatte sie dann wieder bekommen, was sie wollte. Ich habe sie verlassen und sie ist das arme Opfer meiner spontanen Launen. Großes Drama auf kleiner Bühne. Schreitherapie, Beschwichtigung, Beleidigung, Kränkung, Zurückweisung meiner Entscheidung. Diesmal das ganze Repertoire im Schnelldurchlauf.

Auf mich ist wirklich absolut kein Verlass, wenn ich schon wieder und damit in Summe nun zum dritten Mal, natürlich für sie wieder vollkommen unvorhersehbar und aus heiterem Himmel, einseitig die Trennung verkünde. Gestern noch von Heirat reden und heute sich so einfach, wegen einer absoluten Lappalie, trennen.
Was bin ich nur für ein Mensch.
Jetzt habe ich mich aber mal richtig verzockt.

So ihre Sicht.

Ich war bereits nicht mehr davon überzeugt, dass mich das alles noch irgendwie betreffen könnte oder sollte.
Ich habe in meinem Leben zuvor noch nie um etwas gespielt.
Ich habe gelernt, meine Entscheidungen auf Erkenntnissen, begründeten Annahmen und der dann daraus resultierenden Risikoabschätzung zu treffen.
Und ganz genau das werde ich jetzt auch wieder mit der erforderlichen Konsequenz tun.

Es war phasenweise wirklich eine schöne Zeit, nur war sie eben leider nicht wirklich echt.
Sonst hätte es in echt wohl noch eine wirklich schöne Zeit werden können.

Diese Zeit war nun endgültig vorbei und Lulas Verhalten für mich nur noch eine andauernde Provokation, deren Motivation mir nicht klar war, dennoch gab es keinen Grund mehr, diese auch nur noch einmal zu tolerieren.

C'est la vie.

Phase 3 – Finale

Zur Bestätigung dessen, dass mich nicht meine Intuition getäuscht hatte, sondern ich getäuscht worden bin, und um ihre tatsächliche Motivation zu ergründen, begab ich mich, mit ein wenig professioneller Unterstützung, umgehend auf die Suche nach den Ursachen und wurde nach wenigen Tagen mit unzweideutigen Details zu Orten, Daten sowie Fotos neben Screenshots und dem Verweis auf ein Portal mit dem hochromantischen Namen „mysugardaddy" reichhaltig belohnt und überzeugend darüber aufgeklärt, wie Lula sich ihre Zeit gewinnbringend vertrieben hatte, wenn sie für mich leider gerade keine Zeit hatte, weil sie dringend etwas lernen musste oder sonst was zu erledigen war.

Das Geschäftsmodell dieses Portals beruht darauf, dass sich Frauen vermeintlich gut situierten Herren als Partnerin auf Zeit anbieten. Eine gewisse Altersdifferenz ist programmatischer Inhalt und Werbeversprechen.
Die Spielarten reichen von Treffen irgendwo auf Stundenbasis gegen „Taschengeld" bis zu langfristigen Arrangements mit einer regelmäßigen Zuwendung für entsprechende Verfügbarkeit.

Nichts Unmoralisches, wenn sich hier entsprechende Kombinationen ergeben und ein gegenseitig akzeptables Angebot füreinander abgeben.

Ob ein gesteigertes Risikopotential bei derartigen Kontakten für gegebenenfalls unbeteiligte Dritte transparent gemacht werden sollte, damit diese auch für sich entscheiden können, ob sie dies mittragen wollen, muss wohl jeder für sich selbst entscheiden.

Lula hatte vor geraumer Zeit entschieden, dass ich das nicht wissen muss und es entsprechend keiner Risikoabwägung für mich durch mich bedurfte.

Vermutlich ihre eigene Art, so etwas wie partnerschaftliche Rücksichtnahme auszudrücken.

Aus diesem Portal strahlte mich nun meine seit einigen Tagen ehemalige Partnerin aus einer Offerte heraus an, die an Direktheit kaum zu übertreffen war.

Für eine monatliche Zuwendung von 500,– bis 1000,– € gab sie sich auf der Suche nach erotischen Kontakten, einer szenetypischen, regulären Beziehung oder „anderen" Spielarten, für einfach alles auf.

Letzte Aktivität in diesem Account etwa einen Monat vorher.

Der Absatz, in welchem sie einen gemeinsamen Ausflug nach Schweden zur gegenseitigen Erkundung des Landes und den eigenen Körpern für den solventen Herren bewarb und diesen in dem deckungsgleichen Zeitraum unseres gemeinsamen Weihnachtsurlaubes im vergangenen Jahr verortete, ließ mich zumindest begründet vermuten, dass wir unser letztes Weihnachten nur in Ermangelung eines passenden Angebotes miteinander verbracht hatten und dass diese

Offerte somit seit etwa sieben Monaten ziemlich indiskret und seitdem unverändert aktiv war.

Ein eindeutiger Anscheinsbeweis, der eigentlich keiner weiteren Erklärung bedarf.

Von der Angebotsgestaltung her dürfte ihr damit zweifelsohne reger Zuspruch gewiss gewesen sein.

Das Profil war zudem mit dem Hinweis veredelt, dass die Benutzerin sich per SMS und mit einem Identitätsnachweis registriert hatte und es somit sicher kein Fake-Profil darstellt.

Ich gewann trotz dieser Attribute gerade den exakt gegenteiligen Eindruck, denn für mich sah es doch vielmehr danach aus, als ob die sich hier selbst präsentierende Person ein absoluter Deepfake ist.

Vertrauen ist gerade am Anfang ganz wichtig, hatte ich ja auch immer so verstanden.

Bei der Betrachtung der vorliegenden Informationen verwandelte sich mein Sofa, auf welchem ich saß, in ein schwarzes Loch, welches mich augenblicklich eingesogen hatte und in einem Wirbel aus meinen Gefühlen, Erkenntnissen, Wut, Enttäuschung, verletztem Stolz und den Sedimenten der bislang aus restlichen Zuneigungen bestehenden Verbindung zu Lula solange rotierte, bis ich körperlich mit Schwindel und Übelkeit wieder daraus entkam.

Mein Herz schlug wie wild an die Innenseite meiner Brust und bat darum rausspringen zu dürfen, während ich fror wie bei Nacht, unbekleidet in der Arktis.

Mir war klar, dass mich kein Wecker aus diesem Traum holt, dies war der Wecker, der einen Traum endgültig beendet.

Der Raum, in dem ich saß, zog sich um mich zusammen und drohte mich zu erdrücken.

Ich musste an die frische Luft. Jetzt sofort.

Ich taumelte nach draußen, lief einige Schritte und erbrach mich, bis ich keine Luft mehr bekam.

Ich atme mich wieder in Balance und setze mich auf einem nahegelegenen Spielplatz auf das Ende der Rutsche und versuche, mich wieder zu fangen.

Ich war komplett verwirrt und konnte meinen eigenen Gedanken nicht mehr folgen oder diese fassen.

Kann es sein, dass diese Person, in die ich so verliebt war, die fast zwei Jahre an meiner Seite gelebt hat, in wenigen Monaten zu einem Menschen geworden ist, der zu so was fähig ist und keinerlei Mitgefühl kennt?

Entweder kenne ich die Person nicht, mit welcher ich die letzten drei Jahre verbracht habe, oder sie ist in Not geraten und wird dazu gezwungen.

Auch zu diesem Zeitpunkt habe ich es nicht für möglich gehalten oder wollte es einfach nicht wahrhaben, dass ich so vollumfänglich getäuscht worden bin. Ich habe tatsächlich jetzt noch sehr engagiert nach Gründen gesucht, die Lulas Verhalten erklären oder gar entschuldigen könnten.

Ich habe mich mit Bravour dann auch noch in den fixen Gedanken verrannt, es könnte hier nur Zwang im Spiel gewesen sein. Eine andere Option wäre einfach nicht hinreichend wahrscheinlich. So ist sie doch nicht.
Das kann doch alles überhaupt nicht sein.
Ausgeschlossen.

Ich habe dann eine Woche später am Telefon das Gespräch zu Lula gesucht und vorsichtig auf den Busch geklopft und bin dann immer konkreter geworden.
Sie war überhaupt nicht richtig anwesend, bis ich ihr den mir vorliegenden Screenshot der Seite zugesandt habe.

„Lula, als du deine Offerte in dieses Portal eingestellt hast, hast du bewusst und mit Vorsatz alles aufgegeben, was diese Partnerschaft angeblich für dich bedeutete. Es gibt keine andere Erklärung, als dass du mich fortgesetzt belogen, betrogen und dich dort selbst vermarktet hast. Damit ist auch dein Verhalten im letzten halben Jahr absolut schlüssig erklärt.
Warum hast du nicht einfach die Partnerschaft beendet, wenn du das brauchst oder dort deine Zukunft liegt?"

Da wurde sie umgehend lebhaft und schob sofort postwendend alles auf mich.

„Nein, du hast mich betrogen. Wenn du einen Account für diese Seite hast, ist das doch nur der Beweis für deine Untreue. Außerdem hast du das Profil generiert, weil du dich an mir rächen willst."

Ich konnte mir ein Lachen nicht verkneifen.

Mindestens ein halbes Jahr, bevor mir selbst endgültig bewusst geworden ist, dass diese Beziehung keine Zukunft mehr haben kann, hatte ich bereits einen Racheplan ausgearbeitet und aktiviert – ohne dass dieser auch nur dem geringsten Effekt einer Befriedigung meinerseits dienlich sein kann?
Wie clever und weitsichtig von mir.
Wenn Lula ernsthaft glauben würde, dass ich derartige Portale frequentieren würde, wie intelligent wäre es dann schlussendlich von ihr, sich dort mit einem persönlichen Bildnis anzubieten und Gefahr zu laufen, dass ich dort auf sie treffe?

Sofort wurde mir dann noch eine zweite Geschichte angeboten:

„Das kann natürlich auch von einem meiner Folger auf Instagram-Stories oder WhatsApp-Stories erstellt worden sein. Die könnten sich diese Bilder heimlich besorgt und dieses Profil erstellt haben."

Guter Ansatz, dass ich darin keine Aktien halte, werde ich wohl selbst schon herausgefunden haben. Also war es zwangsläufig dann ein/e irgendwer. Das Internet ist ja bekanntlich voll von Verrückten. Warum sollte es darunter niemanden geben, der diesen perfiden Plan konkret so ausgeheckt hat?

„Und diese dubiosen Folger sprechen deine Wünsche in deiner Sprache, mit absolut persönlichen Details und einer monetären Vorstellung aus, um damit was zu erreichen – welchen Vorteil hätte jemand von so einer Vorgehensweise – ohne davon profitieren zu können?"

„Ich war es jedenfalls nicht. Ich kümmere mich darum. Ende."

Selbstverständlich nicht. Warum ich auf den großen Unbekannten nicht als Erstes selbst gekommen bin.
Klingt doch wahnsinnig überzeugend. Oder einfach wieder mal nur optimal unvorbereitet auf die möglichen Konsequenzen des eigenen Handelns. Kurzum Pech.
Zumal es zu diesem sehr speziellen Künstlernamen aus Lulas früher Jugend zwei Accounts gab. Einen aus Dresden und einen aus Leipzig.

Einziger Unterschied, am Ende des gleichlautenden Künstlerinnennamens fehlte bei dem älteren aus Leipzig ein Punkt.

Beeindruckend war natürlich, diesen Reflex zu erleben, der sie dazu brachte, aus eben den Karten des gerade zusammengefallenen Kartenhauses aus Lügen sofort wieder das Fundament für einen identischen Neubau zu errichten und unverzüglich das Richtfest anzukündigen.

Vielleicht ist diese Reaktion dem Umstand geschuldet, dass sie nicht frei reden kann, weil sie eben dazu gezwungen wird?

Mein Wunsch zu glauben, sie wäre ein Opfer eines Dritten, triggert diesen Kontext, welcher diese meine Vermutung auch durch ihre Reaktion zur Annahme macht. Ich wünschte mir gerade sehnlichst einen Adressaten für diese Situation, welcher nicht Lula sein sollte, damit sie für mich irgendwie unschuldig bliebe.

Ich sollte etwas tun. Ich kann sie retten und da rausholen. Also greife ich jetzt in meinem verwirrten Zustand zum Telefon und kontaktiere ihren Vater.

Ich nehme damit ein ähnliches Verhaltensmuster meines Vorgängers an und merke dies in diesem Moment noch nicht einmal.

Ich bin davon beseelt, sie zu retten, und verliere mich gerade vollständig in inkonsistenten Gedanken.

Hans hört sich meine Erkenntnisse und Annahmen gut 40 Minuten an, sieht aber überhaupt keinen akuten Handlungsbedarf.

Er kenne seine Tochter, die ist seit der Kindheit schon so und zerlegt immer alles, was sie nicht mehr braucht.

Die hält nichts von Kontinuität und hat wenig Ehrgeiz.

Im Leben hat die bislang noch nichts zu Ende gebracht.

Dachtest du, dass du daran was ändern kannst?

Ja, verdammte Axt, in den letzten drei Jahren dachte ich das und habe zudem alles bewegt, was in meinen Möglichkeiten stand.

Meine Anmerkung, dass es höchstens sie selbst wäre, die sich hier gerade zerlegen würde, und die Annahme, dass sie folglich dieser Aussage nach ihrer selbst dann wohl überdrüssig sei, vermochte er nicht einzuordnen.

Ich höre mir dann noch eine gute Stunde ausschweifend seine beruflichen Erfolge, die daraus resultierenden privaten Probleme und wie schlimm seine letzte Beziehung zu seinen Ungunsten endete, an.

Sein Frauenbild war jetzt, oberflächlich gesehen, aus den konkreten und vorhergehenden Erlebnissen kein Loblied auf die Damen. Wären wir ohne nicht besser dran? – Sein abschließendes Fazit.

Danach war ich zumindest zutiefst darüber verunsichert, wer von den beiden gerade nun die größeren Probleme oder stetig mehr Pech im Leben gehabt haben könnte.

Es schien zumindest, als hätte ich den Ursprung der Persönlichkeitsstörung von Lula gefunden.

Vererbung.

Oder frühkindliche Prägung durch das familiäre Umfeld.

O.k., wenn dem Vater die Tochter so vollkommen egal ist, ich gebe doch jetzt nicht gleich auf.

Die nächsten zwei Stunden tausche ich mich mit zwei Herren der Dresdener Polizei über Zwangsprostitution aus und erhalte letztendlich die Zusage, dass mal jemand vorbeifährt und ganz umsichtig nachfragt, ob Gefahr im Verzug sei.

Ich habe eine unruhige Nacht und wenig Schlaf.

Am nächsten Tag bekomme ich wenigstens noch einen ordentlichen Rüffel per Messenger, was mir einfiele, die von ihr als „Bullen" titulierte Ordnungsmacht zu involvieren, welche sie gegen Mitternacht bei ihrer Heimkehr vor der Haustür angetroffen hätten.

Lula war offensichtlich „*not amused*" von meiner Sorge um sie.

Gut, das kann ja dann nur daran liegen, dass dieser Loverboy sie bereits unter voller Kontrolle hält.

Also schreibe ich sie über ihre Firmenmail an und signalisiere, dass ich sie unterstützen würde, wenn sie Hilfe braucht.

Auch wollte ich wissen, ob es den Account noch gibt oder sie bereits gekündigt wurde/hat.

Sie hat geantwortet.

Also mich beschimpft.

Von daher Account-Check positiv.

Mein Wecker des Bewusstseins klingelt und ich bin endlich wieder in meiner Realität aufgewacht.

Ich lege ein vollkommen widersprüchliches Verhalten an den Tag, weil ich nicht begreifen kann oder will, dass es ist, wie es offensichtlich ist.

Ich trenne mich von ihr, weil ich sie, aus guten Gründen, für eine Partnerschaft als nachhaltig disqualifiziert erachte, zudem annehmen muss, dass sie ein massives Problem in ihrer Persönlichkeitsstruktur kultiviert hat und dann mache ich mir Sorgen um sie?

Wie vollkommen idiotisch ist das denn?

Sie hat sich, aus freien Stücken, willentlich und bewusst dazu entschieden, sich *(wieder)* zu verkaufen und darüber hinaus versucht, unsere Partnerschaft „normal" weiterlaufen zu lassen, weil ihr daran anscheinend noch etwas wichtig war. – Sich selbst zu bestätigen, dass sie einfach alles kontrollieren und manipulieren kann, weil sie darin einfach die Größte ist.

Ich mache mich gerade zum vollkommenen Trottel und verhalte mich zudem wie mein Vorgänger, nur eben ohne Drogen oder äußeren Selbstverletzungen, dafür aber unter Missachtung jeder gebotenen Zurückhaltung, um nicht am Ende als ein gestörter Ex mich selbst zu präsentieren.

Die Recherche hatte ergeben, dass es zwei Accounts mit einem nahezu identischen „Künstlernamen" auf dem vorgenannten Portal gab. Diese unterschieden sich nur durch einen Punkt am Ende des Namens. Einer war für Leipzig und einer für Dresden angelegt. Der aus Leipzig hatte schon länger keine Aktivität gezeigt. Zeigte diesen Account aus Leipzig vielleicht genau der Ausdruck, mit dem Dr.-Prof. seinerzeit im Café erschienen war?

Das wäre zumindest sehr plausibel und würde aufzeigen, dass Lula für sich frühzeitig offensichtlich nur eine einzige Strategie entwickelt hat und diese dann, je nachdem, wie es sonst so läuft, in unterschiedlichen Zeitabständen einfach nur konsequent wiederholt und routiniert reanimiert.

Auch wenn die Bilder zwischendurch aktueller werden, ist es doch intellektuell ein ziemlich bescheidener Ansatz.

Ab jetzt kein Kontakt mehr.

Niemals.

Unter keinen Umständen.

Dafür aber wieder zwei schlaflose Nächte, mit einem ziemlich abstrusen Kopfkino und der Sehnsucht, die Ergebnisse aus dem Labor zu bekommen, in welchem meine Blut- und Urinprobe auf alle erdenklichen Geschlechtskrankheiten analysiert wurden.

Die Transformation von jeglicher Zuneigung in eine Mischung aus Mitleid und Ekel vollzog sich in meinem limbischen System wie die Entladung eines Transistors in der Physik. Dagegen ist die Explosion von Dynamit nur ein sanfter Hauch.

Die Frage ist heute überhaupt nicht mehr wichtig für mich, warum sie das getan hat oder was die Motivation gewesen sein könnte.

Die Antwort ist zu einfach: Weil sie nichts anderes kann und das für sie alles schlüssig und vollkommen normal ist. Die Promiskuität ist wohl auch eine zwanghafte Veranlagung und enthält eben auch gerne mal als Schnittmenge eine als monogam gepriesene Partnerschaft, weil ausschließlich der eigene Nutzen zählt und Gefühlsregungen schlicht unbekannt sind. Wenn es ihr einen Nutzen bringt, ist es gut, und was gut ist, ist nützlich.

Es geht ihr einfach immer nur um ihre Anerkennung, vollkommen unabhängig davon, durch wen oder welche Aktivität auch immer diese erlangt wird. Und natürlich um materielle Zuwendungen. Vorzugsweise in bar.

Diese Welt kann und wird sich für mich nicht erschließen.

Potential ist da keines, die große Künstlerin ist einfach zu nichts anderem in der Lage, als einer Copycat entsprechend alles im aktuellen Umfeld aufzusaugen, zu kopieren und mehr oder weniger variantenreich zu spiegeln.

Das funktioniert natürlich nicht unbedingt langfristig, bis dem jeweiligen Gegenüber auffallen kann oder letztendlich muss, dass das alles nur vorgespielt ist und keinerlei wahre Substanz dahinter vorhanden ist.

Hier funktionieren Lulas feine Antennen bestens.

Sie hat ein ganz sensitives Gespür dafür, wann eine Story vollkommen abgewirtschaftet wurde.

Dann muss zwingend Distanz her und mit manipulativen Methoden abgelenkt werden, damit nicht versehentlich widersprüchliche Informationen den falschen Empfänger treffen.

Das klappt leider im wahren Leben nur bedingt gut und löst dann unausweichlich ein Befremden und Misstrauen aus.

Zunehmende Komplexität in der Konspiration erfordert die Umorientierung und diese ist nur noch eine Frage der Zeit.

Diese wird dann alsbald dringlich und folglich ritualisiert erfolgen müssen.

Die Frage, die jetzt meiner vollen Aufmerksamkeit bedurfte, war nunmehr ausschließlich, wie konnte ich nur in eine solche Situation geraten, in welcher ich mir mein eigenes Verhalten phasenweise nicht mehr schlüssig erklären konnte und mich derartig verrannt habe, dass ich vollkommen irrational agierte.

Es brauchte einige lange, offene und zudem sehr schmerzhafte Gespräche mit lieben Menschen, die mich wieder auf den Boden der Tatsachen zurückgeholt, mir den Kopf zurechtgerückt und mir die Sicherheit zurückgegeben haben, dass ich geblendet und nicht blind war und diese kaputte Weltsicht durchaus krankhafter Natur ist, wenn Menschen so derartig gewissenlos mit anderen Menschen interagieren können. Und natürlich zur Genüge den Hinweis, dass dies doch bereits frühzeitig mit entsprechenden Warnungen bedacht und diese Beziehung als bestenfalls zweitbeste Idee meinerseits deklariert worden war.

Dachtest du wirklich, eine solche Beziehung kann Bestand haben? Was hast du dir dabei bloß gedacht?

Erst hatte ich eine Distanz und sah keine Gefahr und dann war ich verliebt und habe das nicht mehr gesehen. So einfach ist das passiert.

Das stimmt so *einfach* natürlich nicht.

In meiner Persönlichkeitsstruktur sind natürlich auch narzisstische Tendenzen enthalten, wie dies bei jedem Menschen der Fall ist.
Bei der genaueren Betrachtung ist nur schwerlich zu übersehen, dass ich (nach Reinhard Haller) schon eine gewisse Übereinstimmung des Typus „der Konstruktive" aufweise. Ein humoriger, kreativer Angeber, der motivieren und mitreißen kann, und natürlich auch auf Anerkennung sehr positiv reagiert und diese nur ungerne verliert.
Damit war ich als „Komplementärnarzisst" absolut attraktiv für eine amouröse, parasitäre und bösartige Narzisstin. Insbesondere solange, wie ihre Verhaltensweisen sich primär auf amourös und parasitär

beschränkten, war dies eine sich beidseitig ergänzende und erfüllende Phase.

Doch irgendwann kippte die Ausgewogenheit dieser Eigenarten und Lula wollte der „bessere Mann" in unserer Partnerschaft werden und die vollständige Kontrolle übernehmen, um sich auch hier die zwanghaft benötigte Anerkennung zu sichern.

Das habe ich zwar gespürt - oder zu spüren bekommen, konnte diesen Sinneswandel aber nicht erklären oder kompensieren und bin dann in die Verteidigung gegangen.

Dies war der Moment, wo aus unserer Partnerschaft eine toxische Beziehung wurde.

Ich hatte die verdeckte Narzisstin verletzt und musste dafür hart bestraft werden, ohne es zunächst zu bemerken oder den Grund zu kennen.

Somit wurde mir zunächst schleichend und später schlagartig die Anerkennung entzogen und ich war dann auch eindeutig verletzt.

Unsere Verbindung bestand danach nur noch aus destruktiver Energie in Reinform.

Der abschließende Kontaktabbruch war die einzige Chance dem Teufelskreis zu entkommen, bevor es schlimmstenfalls weiter eskaliert wäre.

Klugscheißer/innen sind furchtbar.

Besonders dann, wenn sie richtiglagen und -liegen.

Der Triumph sei ihnen nun gegönnt.

Heute lachen wir alle gerne gemeinsam darüber, auf meine Kosten. – Wenigstens das bleibt mir wohl ewig erhalten.

Was nicht zu verstecken ist, sollte man zudem betonen.

Ich bin einfach ganz langsam, in sehr kleinen Schritten, in etwas hineingeraten, was mich dann tatsächlich, in meinem Blick auf die Realität, kontinuierlich immer stärker beeinflusst hat.
Allen guten und den warnenden Worten zum Trotz.

Aufgrund meiner bisherigen Lebenserfahrung und angenommener Menschenkenntnis hätte ich sowas für mich generell vollkommen ausgeschlossen. Und eben deshalb war ich auch so anfällig dafür.
Überheblichkeit kommt vor dem Fall.

Lula hat überhaupt kein Pech.
Sie lebt einfach nur ein absolutes Unverständnis aus, die Konsequenzen ihres Handelns, im Leben ihrer freien Wahl, den zugrundeliegenden Ursachen zuzuordnen und nennt die Ergebnisse dann einfach nur Pech, um damit nicht in einer direkten Verbindung zu stehen.
Aus ihrer Sicht ist sie immer das Opfer und aus meiner heutigen Sicht wird sie es auch für immer bleiben.
Das Opfer ihrer Selbst.

Lula war und ist sicher auch zukünftig bereit, alles zu tun, im wahrsten Sinne des Wortes, um die Parameter so zu gestalten, dass sie ihre einzige Überlebensstrategie so lange wie möglich irgendwo ausleben kann.

Auch mir fällt der Vergleich mit einem Parasiten als einzig passender dazu ein.

Es wird ein Wirt gesucht und besiedelt; solange dieser den Fremdkörper nicht als solchen bemerkt oder sogar annimmt, mit ihm eine Symbiose eingegangen zu sein, wird er darunter nicht leiden. Und solange der Parasit bekommt, was er will, wird er sich nicht nach einem neuen Wirt umsehen und erneut erhebliche Zeit investieren, um einen neuen Partner auszulesen, damit dieser dann wunschgemäß funktioniert und die erwarteten oder konkret gewünschten Resultate liefert. Es sei denn, der Parasit verspricht sich schlagartig eine deutliche Verbesserung der Lebensqualität mit einem potentiellen neuen Partner, der anfällig erscheint. In diesem Fall wird natürlich kurzfristig auf das neue Ziel fokussiert.

Den vorherigen hält man sich möglichst zur Not lauwarm und als Fall-back-Lösung bis zuletzt in petto.

Andere Möglichkeiten stehen ihr ganz offensichtlich nicht zur Verfügung, daher ist das dann wohl der einzige Aus- und Lebensweg, solange sie dafür neue Partner finden kann.

Und da arbeiten schließlich die Zeit und der unveränderliche Reifeverzug erbarmungslos gegen sie.

Die vorliegenden Zeilen sind meine persönliche und abschließende Verarbeitung einer ungewollten Erfahrung, die mich in unschöner Art und Weise nachhaltig beeindruckt hat. Ich möchte in keinem Fall behaupten, dass nur Frauen zu einer solchen Handlungsweise fähig sind, für eine authentische Fassung der hier dargelegten Erfahrungen musste ich jedoch die weibliche Form wählen. Es liegt mir absolut fern, generell Frauen mit diesen Zeilen zu verunglimpfen.

Alle anderen Frauen, die mir bisher begegneten, sind wunderbare und liebevolle Menschen, und ich hoffe, das bleibt auch so.

Natürlich teile ich auch meine Erfahrungen, damit vielleicht Menschen in ähnlichen Situationen ein Licht aufgeht, sofern sie hier beschriebene Mechanismen auch gerade erleben und auch gerade jetzt zu einem Opfer werden, ohne es zu merken oder es bereits merken zu können. Und auch, um zu zeigen, dass es noch mehr Menschen gibt, die etwas Derartiges so intensiv erlebt haben.

Die Spielwiese der Manipulationen ist nahezu unbegrenzt und ein Mensch mit gesunden Emotionen kann hier nicht gewinnen, weil er Vertrauen schenkt, weil er lieben kann und weil er einem Menschen, den er von Herzen liebt, sowas unmöglich zuzutrauen in der Lage ist.

Aus diesem Grund ist der Schlag am Ende auch so unfassbar hart.

Wer eine solche Episode erlebt hat, in der einem über Monate von Tag zu Tag klarer wird, dass hier etwas nicht stimmt, während einem über eben diesen Zeitraum, von dem Menschen, den man liebt, konsequent und mit Nachdruck eingeredet wird, dass man wohl langsam verrückt würde, immer überreagiert, andauernd übertreiben würde und Probleme sähe, wo ganz offensichtlich keine wären, nimmt aus dieser Zeit unfreiwillig etwas mit.

Am Ende kam dann die Überraschung doch irgendwie schon vorhersehbar daher und Lula provozierte – planvoll, versehentlich oder vielleicht tatsächlich unbewusst – den finalen Eklat.
Im ungünstigsten Fall reagiert man darauf in vollkommen übertriebener Art und Weise (wie ich).
Im besten Fall trennt man sich und bricht den Kontakt zeitnah ab.

Der neue Wirt – oder hier wohl eher die Wirte – waren längst gefunden und bereits besiedelt und etabliert.

Und ich weiß jetzt, dass ich damals intuitiv den richtigen Impulsen gefolgt bin.
Ich habe Lulas Verhaltensänderung zur richtigen Zeit erkannt und die richtigen Schlüsse gezogen.
Ich habe das angesprochen.
Das hat mir aber nichts gebracht, weil ich mich mit emotionalem Müll habe verwirren und durchgehend habe täuschen lassen.

Ich wollte es wohl auch noch nicht sehen.

Ich wollte einfach nicht einsehen, dass Lula zu verlieren ein geringeres Übel darstellen würde, als dieses Leben führen zu müssen, welches sie mir gerade bescherte.

Wer es nicht sehen will, weil er lieber noch hoffen möchte, wird es dann eben später härter fühlen müssen.

In der Praxis habe ich ja auch erlebt, als ich gute drei Jahre zuvor das *große Glück* hatte, als neuer Wirt auserkoren zu werden, wie meine zukünftige Partnerin sich über meinen Vorgänger vor mir belustigt hatte.

Ich bin mir sicher, dass ich am Ende auch zu ihrer Belustigung noch etwas beitragen konnte, als ich verzweifelt versucht habe, die Situation aufzuklären und unsere Beziehung zu retten.

Die Geschichte wiederholt sich eben nicht nur in der großen weiten Welt, auch in jeder kleinen, vermeintlich heilen Welt kann das passieren.

Und es passiert.

Tagtäglich.

Irgendwo.

Wie kann man versuchen, einen Menschen mehr zu verletzen oder zu erniedrigen, als ihm vorsätzlich, bewusst und in voller Absicht zu zeigen, dass er nicht mal mehr ein Mindestmaß an Vertraulichkeit und Respekt verdient?

Erwartbarerweise bekam ich letztendlich die gleichen Gründe wie mein Vorgänger genannt, warum das jetzt so gekommen ist.
Ich habe sie eingeengt und meinen Zwängen unterworfen, das hat sie nicht mehr ausgehalten.
Sie fühlte sich fremdbestimmt.

Ich würde definitiv auch sagen, dass ich mich fremdbestimmt fühlen würde, wenn ich laufend einem Menschen, den ich als geliebten Partner tituliere, erkläre, dass ich unsere gemeinsamen Ziele unverändert verfolge, während ich bereits ganz andere Pläne habe und realisiere. Von daher ist das sogar der kleine, wahrhaftige und auch der einzige Teil, den ich von ihren unzähligen und zudem vollkommen sinnlosen Aussagen sehr gut akzeptieren kann.

Das Ganze hat natürlich auch einen positiven Aspekt, es bleibt einem jeglicher Liebeskummer erspart, denn in dem Moment, in dem sich das Geschehene für einen so schlagartig realisiert, existiert keine Liebe mehr für diesen Menschen.
Sowas kann sich ja sonst auch mal über Monate hinziehen und irgendwelche diffusen Hoffnungen beinhalten, wenn einem nicht so eine Fastlane angeboten wird und auf einen Schlag ein absolutes Bewusstsein dafür existiert, dass so nur ein endgültiges

Ende aussieht und dass es eben genau so auch das Beste ist, was passieren konnte.

Diese Akzeptanz besiegt am Ende jede Verzweiflung.

Denn auf lang oder kurz musste es zweifelsfrei so kommen. Und dann ist es doch deutlich besser nach drei als nach fünf oder gar nach zehn Jahren. Oder nach einer Heirat – denn damit hätte ich mal ordentlich Pech gehabt.
Jeder Tag früher ist letztendlich ein Geschenk und gewonnenes Leben in Freiheit, in welche die Klarheit der Gedanken alsbald wieder zurückkehrt.

Ich persönlich bin noch nicht einmal wütend, denn ich habe verstanden, dass alle schönen Erlebnisse in der Anfangsphase für Lula überhaupt keine Bedeutung hatten. Sie hatte die gebotene Anerkennung aufgesogen und die vielen neuen Erlebnisse genossen und gab sich zugewandt und sanft. Als sich Misserfolge in der Ausbildung und eine Alltäglichkeit in der Partnerschaft zeigten, wandte sie sich neuen Bestätigungsquellen zu und wurde hart sowie zunehmend abweisender mir gegenüber. Die früheren Erlebnisse wurden dann nur noch auf ihre Manipulationsbedeutung reduziert, verbucht und später dann bei Bedarf gezielt zu diesem Zweck benutzt.

Sollte ich ernsthaft auf einen Menschen wütend sein, der in seinem Leben immer einer Strategie folgen muss, die auf selbstzerstörerischen Zwängen beruht?

Wut ist wie Säure. Sie zerfrisst langsam das Gefäß, in welchem sie bewahrt wird.

Wie viel Glück ist mir doch im Vergleich dazu beschert, tatsächlich fühlen zu können, gefühlt zu haben und spüren zu können, wie allumfassend großes Glück sich anfühlt. Für mich waren es schließlich doch viele sehr schöne Erlebnisse und so behalte ich diese auch in der Erinnerung.

Ich blicke heute auf eine doch recht spannende und vor allem unterhaltsame Episode meines Lebens zurück und stelle für mich abschließend fest, dass ich im Leben wohl nie wieder eine Fernbeziehung führen werde.
Generell war ich daran ja auch nie interessiert, also überhaupt kein Verlust für meine zukünftige Lebensplanung.
Weiterhin werde ich meinem Bauchgefühl und meiner Intuition wieder unbedingt vertrauen.
Wenn ich etwas sehe oder spüre, werde ich mir kaum erneut erklären lassen, dass ich wohl übersensibel bin oder Gespenster jage.

Damit gehe ich hoffnungsvoll und vergnügt in eine Zukunft, die mir genau wie vorher auch, nach dieser Episode nicht unbedingt größere Entbehrungen abverlangen wird.

Natürlich kostet mich die Erkenntnis, dass derartige

Menschen existieren, etwas von meinem generellen Vertrauen in andere Menschen – dennoch gehe ich davon aus, dass es nicht so viele sind, dass, statistisch gesehen, eine weitere Begegnung mit einer derartigen Persönlichkeit wirklich akut droht oder ich es wieder nicht bemerke.

Die Fachliteratur rechnet aktuell mit etwa 6 %.

Allerdings ist, dem Grunde nach, auch von einer signifikanten Dunkelziffer auszugehen, da die Betroffenen selten um Hilfe ersuchen und das Problem vorwiegend in der sie umgebenden Umwelt verorten.

Wie selbstbewusste Geisterfahrer.

Und selbst wenn, ich habe wieder viel über mich und zudem einiges zum Thema Gaslighting und narzisstische Persönlichkeitsstörungen gelernt.
Es sollte reichen, um nicht erneut zum Mitwirken in einem derartigen Drama animiert zu sein.

Von daher hatte diese negative Erfahrung für mich auch eine positive Seite.
Wer weiß heute schon, wofür das alles eines fernen Tages mal gut sein wird.

Fazit

Lula ist nicht die einzige Person, die vagabundierend auf der Suche nach einem Opfer mit offenen Augen durch die Welt zieht und nach der bestmöglichen Lösung für ausschließlich sich sucht.

Ohne wirklich jede Rücksicht auf Verluste, weil sie über eine derartige Empathielosigkeit verfügt, welche sogar körperlichen Schmerz nicht mehr als eigene Wahrnehmung zulässt.

Die Antennen eines Menschen mit einer derartigen Persönlichkeitsstörung sind unglaublich fein. Die spüren sofort, ob ihnen ein potentielles Opfer gegenübersteht und ob sich ein manipulatives Engagement lohnt.

In unserem Fall brauchte Lula nur einem Gespräch auf unserer Fahrt von Göttingen bis Hannover beizuwohnen, welches ich mit zwei anderen Personen führte, um sicher zu vermuten, dass sie einen hilfsbereiten Charakter vor sich hat, der offen und nachvollziehbar argumentiert und empathisch ist.

Meine berufliche Situation war dann noch der Hinweis auf den beuteschematisch passenden Status und ließ vermuten, dass hier etwas für sie zu holen sein könnte.

Ihre Situation in Leipzig war für sie zu diesem Zeitpunkt bereits hochgradig problematisch und es war sowieso an der Zeit, sich einen neuen Wirt zu suchen.

Nur aus diesem einen Grunde kontaktierte sie mich bezüglich der Rückfahrt, um weiter auszuloten, ob sie richtigliegt. Als ich ihr dann noch Exklusivität für ihre Geschichte anbot, war ihr vollkommen klar, dass hier ein hohes Potential besteht, mit wenig Aufwand einen neuen Wirt für ihre nächste parasitäre Phase zu gewinnen.

Idealerweise wäre ihr über mein anfängliches Mitleid, die daraus erwachsenen Emotionen und weil ich mich dann in sie verliebt habe, in Verbindung mit einer gelungenen Manipulation und der zeitweiligen Kontrolle über mein Leben, ein eheliches Engagement zuteilgeworden und sie hätte sich damit versucht abzusichern. Als ihr klar wurde, dass dieses Maximalziel mit mir nicht zu erreichen ist, weil meine Bedingung dafür für sie nicht annehmbar war, hat sie sich resozialisiert und ist in Dresden wieder dort eingestiegen, wo ich sie seinerzeit in Leipzig abgeholt habe.

Sie hatte anfangs häufiger mal darauf hingewiesen, dass sie sich sehr für ihre Herkunft schämt. Ich habe nicht geahnt, dass dies in einem solchem Maße ausgeprägt sein könnte, dass dies der unvermeidliche Showstopper für den Plan mit ihrer angestrebten ehelichen Bindung war.

Fakt ist, dass wenige Wochen nach dem letzten Versuch von ihr, mich davon zu überzeugen, dass für sie ihre Eltern in der Sache Ehe keine Rolle spielen müssen, die sehr spontane Umorientierung in Richtung Dresden erfolgte und sie unmittelbar davor wiederum versuchte die vorhandenen Schulden bei mir emotional wegzudiskutieren.

Nach dem Umzug von Freital nach Dresden war von der vorherigen Anerkennung meiner Fähigkeiten und ihrer Unterstützung von Tag zu Tag weniger zu verspüren, ich hatte den Beginn der Phase des Devaluierens weder bemerkt noch die vielen Details, die in der Folge im Verhalten und in den Aussagen erfolgten, richtig interpretiert. Mir war das zugrundeliegende Konzept schlicht nicht bekannt.

Dies wurde mir erst mit zunehmendem Abstand und der intensiven Beschäftigung mit dem Thema Narzissmus bewusst und für mich zeigten sich sehr viele Erlebnisse mit Lula auf einmal in einem ganz anderen Licht.

Auch ist es natürlich rückwirkend einfach abzuleiten, wenn der Zeitpunkt des beginnenden Doppellebens von Lula nun in etwa bekannt ist, wie die vielen zweifelhaften Situationen nunmehr einer nachvollziehbaren Ursache zuzuordnen sind.

Ich hatte es zu keiner Zeit mit einem Opfer zu tun, welches meiner Hilfe bedurfte, ich wurde wegen meiner Hilfsbereitschaft, Gutmütigkeit und späterer Zuneigung zu ihrem Opfer.

Die Anerkennung, die sie mal von mir erhalten hatte, bezog sie jetzt anderweitig und mein Mehrwert lag nur noch darin, dass sie mit mir zusätzlich ihre Spielchen treiben konnte und ich davon offenkundig nichts wusste.

Daraus bezog sie ein Gefühl der Überlegenheit und darauf ist sie eben sowohl fixiert als auch angewiesen, um ihre Störung im Gleichgewicht zu halten.

Wenn das Konzept der NPS verstanden ist, sind alle Ereignisse logische Konsequenzen aus den vorhandenen Zwängen der Betroffenen und sehr gut nachvollziehbar.

Nun ergab das Verhalten, welches ich zuvor nicht einordnen konnte, einen konkreten Sinn und ich muss zugeben, ich habe mich massiv manipulieren lassen, ohne es zunächst auch nur im Ansatz zu bemerken, um Lulas Zwecken zu dienen und natürlich auch, um von ihr zu bekommen, was ich an ihr begehrte.

Doppelte Ironie an der Geschichte ist, dass wohl erst zu dem Zeitpunkt, als Lula mir bewusst eine Rolle in ihrem Konzept für ihr Doppelleben zugewiesen hatte, ich auch eine tatsächliche Hilfe für die Stabilisierung ihrer Fantasiewelt geleistet habe.

Diesen Mehrwert werde ich aber vermutlich durch die Konfrontation mit meinen Erkenntnissen, dem Gespräch mit ihrem Vater und der Polizei sowie den daraus erfolgten Situationen wiederum mehr als kompensiert haben.

Die Manipulation von Menschen zugunsten ihres Selbstwertgefühls ist der wesentliche Lebensinhalt von Narzissten. Der Wunsch, am Erfolg und Einkommen anderer zu partizipieren, ist speziell Lulas einziges Lebensziel.

Dafür war Lula mir gegenüber zeitweilig bereit, jedes Versprechen abzugeben, welches ihr zur Zielerreichung notwendig erschien. Da sie von vornherein wusste, dass sie davon wenig bis nichts erfüllen wird, ist ihr dies natürlich auch extrem leichtgefallen.

Mit so einem Menschen lässt sich natürlich niemals etwas gemeinsam entwickeln oder aufbauen.

Nun ist Lula mit ihrem Engagement im Internet letztendlich doch wieder dazu gekommen, sich als eine Künstlerin zu präsentieren und eine Rolle zu spielen, die ihr scheinbar auch besser liegt und ihr zudem zukünftige Opfer selbstbestimmt zuführt.
Diese wissen zumindest, dass sie vorsätzlich im Trüben fischen und bedürfen keines Mitleids, wenn sie dabei auch unerwartete Erfahrungen sammeln und sich als Beifang einen Parasiten an Bord holen. Lula ist einfach nur zu ihrem vorherigen Leben zurückgekehrt und macht dort weiter, wo sie im Zweifelsfall immer wieder beginnen wird.

Dresden war ein Plan, kein Zufall.

*Albert Einstein sagte passend dazu:
The definition of insanity is doing the same thing over and over and expecting different results.

Und genau das gilt in erster Linie für Narzissten.
Aber eben auch für die von ihnen Betroffenen.

Betroffene können geheilt werden, die Narzissten im Gegensatz dazu leider nicht. *

Jeder Versuch wird sich am Ende als sinnlos herausstellen und nur viel Kraft kosten, deren Energie an anderer Stelle bedeutend mehr Erfüllung und eher eine gemeinsame Zukunft bedeutet hätte.
Davon bin ich heute zutiefst überzeugt.

Mein verlorenes Investment hält sich, im Vergleich zu den gewonnenen Erkenntnissen und Erlebnissen, in einem absolut überschaubaren Rahmen.

Daher sehe ich es am Ende dieser Erfahrung so:

Ich habe mal wieder außerordentliches Glück gehabt.

Addendum zu Narzissmus

*(Folgende Inhalte - auszugsweise - mit bestem Dank an und freundlicher Genehmigung von Simone Heidenreich, auf deren Webpräsenz: **mindstepper.com** Sie auch noch weitere hilfreiche Informationen sowie fachkundige Begleitung und Mediation zum Thema finden können*.)*

Konflikte mit Narzissten

Es leuchtet ein, dass nicht jedes unerwünschte Verhalten narzisstisch und auch nicht jeder Ex-Partner ein „Psycho" ist – auch wenn man es als Konfliktpartei, die sich im Konflikt mit einem subjektiv als schwierig empfundenen Menschen befindet, gerne so sehen würde.

Gleichzeitig ist es auch keine Lösung, starke narzisstische oder antisoziale Tendenzen einer Konfliktpartei zu ignorieren, nur weil man selbst das Konzept von Persönlichkeitsstörungen nicht versteht.

Narzissmus oder narzisstische Persönlichkeitsstörung? Narzissmus als Bestandteil einer Persönlichkeitsstruktur existiert auf einem Spektrum. Grundsätzlich kann man sagen, dass jeder von uns narzisstische Persönlichkeitszüge aufweist.

Der Begriff Narzissmus führt immer wieder zu Missverständnissen, da er eine akkurate Unterscheidung zwischen Narzissmus als Summe charakterlich schwieriger Persönlichkeitsmerkmale und Narzissmus als Form einer echten psychischen Störung, der narzisstischen Persönlichkeitsstörung (NPS), erfordert.

Bei der pathologischen Form des Narzissmus, der narzisstischen Persönlichkeitsstörung (NPS), handelt es sich um eine nach der DSM-5* anerkannte psychische Störung, deren Ursachen, Auswirkungen und Folgen bis heute selbst unter Fachexperten umstritten sind. Anhaltspunkte geben die DSM-5-Kriterien, diese befinden sich aber aufgrund laufender wissenschaftlicher Erkenntnisse und der mitunter komplizierten Abgrenzung zueinander sowie wahrscheinlicher Kombinationen mit anderen Persönlichkeitsstörungen im steten Wandel.

Von den neun gelisteten Charakter- oder Persönlichkeitszügen der narzisstischen Persönlichkeitsstörung müssen mindestens fünf als „Pattern", d. h. als Muster (Störung), und damit mehr oder weniger als konstant bestehend (pathologisch) vorliegen, damit jemand als Person mit narzisstischer Persönlichkeitsstörung (NPS) gilt.

Diagnosekriterien der narzisstischen Persönlichkeitsstörung gemäß DSM-5 sind:

- Überschätzung der eigenen Wichtigkeit.
- Fantasien über Erfolg, Macht, Großartigkeit, Schönheit oder wahre Liebe.
- Überzeugung, dass er/sie besonders und einzigartig ist und nur von anderen besonderen Personen mit einem gewissen Status oder einer gewissen Bildung verstanden werden kann.

*DSM-5 - Abkürzung für die 5. Auflage des Diagnostic and Statistical Manual of Mental Disorders (englisch für „Diagnostischer und statistischer Leitfaden psychischer Störungen") der APA (American Psychiatric Association). Spezifischer Teil von ICD-10.

- Abhängig von Anerkennung und Bewunderung anderer.
- Gefühl, mehr (als andere) zu verdienen.
- Ausbeuterisches Verhalten in Beziehung zu anderen.
- Mangelndes Einfühlungsvermögen.
- Neid auf andere oder das Gefühl, dass andere neidisch auf ihn/sie sind.
- Arroganz und Überheblichkeit im Denken oder Handeln.

Narzissmus als, am Ende des Spektrums, stärkste Ausprägung narzisstischer Züge stellt die echte psychische Störung „narzisstische Persönlichkeitsstörung" dar und soll laut neusten Studien bis zu 6 % der Gesamtbevölkerung betreffen.

Zieht man in Betracht, dass sich Personen mit einer narzisstischen Persönlichkeitsstörung aufgrund der Charakteristik der Störung in der Regel nicht diagnostizieren lassen und sich nur selten in psychologische Behandlung begeben, ist von einer hohen Dunkelziffer nicht erfasster Fälle auszugehen.

Hinzu kommt, dass die narzisstische Persönlichkeitsstörung üblicherweise mit anderen psychischen Störungen wie Depressionen, Angststörungen, einer bipolaren Störung oder Suchterkrankungen wie Alkohol-/Drogenabhängigkeit, Internet-, Sex- oder Pornosucht (addiction) einhergeht und infolgedessen häufig übersehen oder mit diesen Störungen verwechselt wird.

Des Weiteren treten auch Abgrenzungsschwierigkeiten und Überschneidungen innerhalb der drei Cluster für Persönlichkeitsstörungen selbst auf

A (paranoid, schizoid, schizotypal personality disorder)

B (antisocial, borderline, histrionic, narcissistic personality disorder) und

C (avoidant, dependent, obsessive-compulsive personality disorder).

Die Abgrenzung zu antisozialen Persönlichkeitsstrukturen wie Soziopathie und Psychopathie ist ebenfalls nicht immer einfach. Immerhin 4 % der Bevölkerung sind Soziopathen.

Gemäß Studien ist jeder 5. Chef ein Psychopath. Persönlichkeitsgestörte Menschen sind mitten unter uns und aller Wahrscheinlichkeit nach hat jeder Mensch zumindest einen davon in seinem näheren Umfeld. Sichtbar wird dies leider immer erst in Konfliktsituationen, denn da entfaltet sich das wahre Wesen dieser Menschen.

Die meisten Missverständnisse rund um das Thema Narzissmus entstehen durch die Schwierigkeit, zwischen der narzisstischen Persönlichkeitsstörung NPS (als psychische Störung) und den „narzisstischen Zügen als Charakterausprägung jedes Einzelnen" (Narzissmus) zu unterscheiden. Die selbstsüchtige Art des Egoisten mag ein narzisstischer Charakterzug sein, sie macht jedoch nicht unbedingt schon einen Narzissten aus ihm.

Ebenso wenig kann ein gutes Selbstwertgefühl automatisch mit Selbstverliebtheit gleichgesetzt werden. Eine starke eigene Meinung zu haben, heißt nicht, dass man sich für wichtiger oder besser als andere hält, so wie ein Mensch, der nicht stundenlang den Problemen anderer zuhört, nicht schon deswegen ein Narzisst ist, weil er nicht die von ihm geforderte oder erwünschte Empathie zeigt.

Die leichtfertige Interpretation und Zuordnung von Charakterzügen als narzisstisch führt zu anhaltender Verwirrung rund um das Thema Narzissmus und zu einer problematischen Pauschalisierung des Begriffs Narzisst.

Basierend auf dem Gesamtspektrum der Persönlichkeitsstörung des Narzissmus und der Tatsache, dass Narzissten, Psychopathen und Soziopathen als Meister im Maskieren ihrer wahren Gefühle und Absichten gelten, ist die Möglichkeit, sich in einem Konflikt mit einem persönlichkeitsgestörten Menschen zu befinden, aber definitiv nicht von vornherein als unrealistisch auszuschließen.

Die charakteristischen Verhaltensweisen eines Narzissten können auf Betroffene einen stark unterschätzten und zerstörerischen Einfluss haben.

Die Verleugnung der psychischen Auswirkungen von Konflikten mit Personen, die narzisstische Züge oder sogar NPS aufweisen, ist daher genauso unangebracht wie die unvorsichtige Verwendung des Begriffs Narzisst.

Narzissmusformen

Im Gegensatz zum allgemeinen Verständnis, dass Narzissten eingebildete Egoisten sind, die man sofort anhand ihres Verhaltens erkennt, kann Narzissmus auch auf sehr leisen Sohlen kommen und mit subtilen, auf den ersten Blick nicht als narzisstisch einzuordnenden Verhaltensweisen einhergehen.

Offener Narzissmus – grandioser Narzisst – „der Angeber"

Der grandiose Narzisst wird zumeist als egoistischer, selbstverliebter Angeber wahrgenommen. Er gibt sich selbstbewusst, unbeeindruckt, ihn interessiert nicht, was andere denken oder fühlen.

Verdeckter Narzissmus – verletzlicher Narzisst – „das Opfer"

Der verletzliche, fragile Narzisst erscheint als Opfer, alle Menschen haben ihn unfair behandelt, er hat nur Pech im Leben. Dieser Typ Narzisst gibt sich empathisch, fürsorglich, bescheiden und tut so, als ob er sich für andere Menschen und deren Gefühle interessierte (zeigt sich nach außen altruistisch bis hin zu philanthropisch).

Trotz unterschiedlichen Auftretens (Strategien) weisen beide Narzissmustypen die gleichen Denk- und

Verhaltensweisen auf. Innerhalb der groben Unterscheidung der beiden Haupttypen gibt es noch eine Reihe weiterer Subtypen (somatic, cerebral, malignant, spiritual, communal, garden variety, sexual narcissist). Die Abgrenzung zum Soziopathen, Psychopathen oder der Borderline-Persönlichkeit ist ebenfalls nicht immer einfach.

„Vulnerable" oder „Victim"-Narzissten gelten aufgrund ihrer Fähigkeit, sich hinter ihrer charmanten und scheinbar selbstlosen Fassade zu verstecken, als der gefährlichere der beiden Haupttypen, da der sogenannte verdeckte Narzissmus (covert narcissism) sehr viel schwerer zu identifizieren ist.

Konfliktlösungen mit Narzissten

Aus Sicht von Mediation und Konfliktmanagement sind Menschen mit starken narzisstischen Tendenzen als schwierige Konfliktpartei mit für den Konfliktlösungsprozess teilweise hinderlichen (konfliktvermeidenden oder sogar konfliktfördernden) Verhaltensmustern einzuordnen.

Bei Personen mit vereinzelten oder weniger stark ausgeprägten narzisstischen Zügen, die die Bereitschaft zu einer einvernehmlichen Konfliktlösung mitbringen, ist eine Mediation nicht von vornherein als zum Scheitern verurteilt ausgeschlossen.

Menschen mit einem narzisstisch geprägten Charakter oder einer narzisstischen Persönlichkeitsstörung sind hingegen weder an der Lösung noch an der Beilegung eines Konflikts interessiert, wenn diese nicht ihren Bedingungen entspricht. Ergebnisoffene Gespräche sind in solchen Fällen ebenso selten wie sachliche Auseinandersetzungen.

Die für eine Mediation notwendigen Fähigkeiten zur Introspektion und zum Perspektivenwechsel sind bei Narzissten aufgrund ihrer Persönlichkeitsstruktur und je nach Ausprägung der narzisstischen Züge grundsätzlich nur in geringem Ausmaß oder gar nicht vorhanden, was eine Mediation mit Narzissten schwierig bis unmöglich macht.

Bei Konflikten mit Narzissten wird der nicht narzisstischen Person eher eine persönliche Beratung helfen können. Diese hat zum Ziel, zusammen mit dieser eigene (Coping)-Strategien für ihre jeweilige persönliche Situation und für den Umgang mit Narzissten zu entwickeln.
Man darf bei seiner eigenen Frustration über narzisstisches Verhalten des Gegenübers nicht vergessen, dass Narzissten selbst Opfer ihrer psychischen Kondition sind.

Fachwissen und Verständnis für die Persönlichkeitsstörung können helfen, eine neue Sicht auf den Konflikt zu gewinnen und eine veränderte

Haltung gegenüber der narzisstischen Konfliktpartei einzunehmen. Ein souveräner Umgang mit Narzissten ist möglich, wenn man weiß, warum Narzissten sind, wie sie sind.

Narzissmus soll neben einer genetischen Prädisposition (vererbtes Trauma) auf einem unverarbeiteten Kindheitstrauma des Narzissten selbst beruhen. Narzisstischer Missbrauch führt häufig zu einer posttraumatischen Belastungsstörung bei den Betroffenen.
In der Wissenschaft wird inzwischen jedoch angenommen, dass Narzissmus selbst eine Art posttraumatische Belastungsstörung darstellt. Was wenig verwundert, wenn man sich vor Augen führt, dass Narzissten meist von Narzissten erzogen werden.

In ihrer Kindheit wurden Narzissten nie für die Person gesehen, die sie sind. Ihnen wurden Eigenschaften zugeschrieben, die sie nicht haben, oder aberkannt, wer sie wirklich sind. Narzissmus scheint sowohl durch eine ungesunde Verehrung, durch Verwöhnen des Kindes als auch durch Ablehnung, durch Zurückweisung des Kindes zu entstehen.

In der Kindheit hat ein Narzisst wahrscheinlich Folgendes gelernt:

1.) das wahre Selbst ist nicht „richtig" (nicht gut, stark, erfolgreich genug)

2.) das wahre Selbst wird ständig beschämt
(Narzissmus = schambesetzte Selbstwertstörung)

3.) das „falsche" (von anderen erwartete) Selbst wird
akzeptiert und anerkannt

4.) das natürliche kindliche Bedürfnis nach Liebe wird
nur gestillt, wenn das falsche Selbst präsentiert wird –
kindliche Erkenntnis:
Liebe = Anerkennung (für das falsche Selbst)

5.) mit dem wahren Selbst muss man in eine
Fantasiewelt ausweichen
(primäre Bewältigungsstrategie)

6.) in der Fantasiewelt kann das wahre Selbst „richtig"
sein, dort kann es alles sein, was es nicht ist (mächtig,
wichtig, überlegen, speziell)
(primäre Verteidigungsstrategie)

7.) in der Fantasiewelt entsteht ein „Fantasy"-Selbst

8.) für das wahre (leider „falsche") Selbst gibt es
zwischen dem falschen (nach außen gezeigten) und dem
Fantasy-Selbst keinen Platz und Nutzen mehr (split)
kindliche Erkenntnis:
Zurückweisung = nicht wahr (z. B. Kritik)

Eine narzisstische Störung könnte demnach durch
folgende Erkenntnisse entstanden sein:

1. Das wahre Selbst wurde von der Umwelt als „nicht richtig", als „falsch" beurteilt
(wahr = falsch)
(Selbstwertstörung)

2. Das nach außen gezeigte falsche Selbst entspricht aber nicht dem wahren Selbst
(„falsch" = nicht wahr = falsch)

3. Also muss das Fantasy-Selbst das „wahre" Selbst sein
(Fantasy = wahr) (Persönlichkeitsstörung)

Das wahre Selbst wurde abgespalten und konnte sich nie entwickeln (Identitätsstörung).

Der Narzisst lebt nun mit seinem vom Fantasy-Selbst gesteuerten falschen Selbst in der Realität.

Wichtig in diesem Zusammenhang ist für Betroffene die Erkenntnis, dass in Narzissten kein wahres Selbst (mehr) existiert.

Es gibt nur ein falsches und ein Fantasy-Selbst – beide sind aber NICHT ECHT.

Die in der Kindheit des Narzissten entwickelten Strategien waren geeignet, das ständig ab- und/oder entwertete wahre Selbst vor weiterem Missbrauch zu beschützen.

Die primären Bewältigungsstrategien waren das Präsentieren eines falschen Selbst, das den Erwartungen anderer entsprach, und die Erschaffung einer Fantasiewelt zum Schutz seines wahren Selbst.

Die primäre Verteidigungsstrategie des wahren Selbst bestand im Erschaffen eines auf den Fantasien des Narzissten beruhenden Fantasy-Selbst, mit dem er als Kind sein instabiles Selbstwertgefühl (wahres Selbst) zu regulieren versuchte.

Die Fantasien des Narzissten sind als Grundlage seiner Persönlichkeits-/Identitätsstörung zu verstehen.

Sämtliche heute zur Diagnose von NPS-Narzissten herangezogenen Merkmale entstammen den kindlichen Fantasien des Narzissten.

Die Folgen sind unter anderem:

1.) Empathielosigkeit
Eines der herausstechenden Merkmale eines Narzissten und für Menschen ohne diese Störung einer der am schwersten zu verstehenden Züge.
Narzissten verfügen lediglich über kognitive Empathie, d. h. sie können auf der logischen Ebene nachvollziehen, warum jemand welche Gefühle hat, und können

Empathie zeigen, wenn sie sich einen Vorteil davon versprechen. Narzissten fehlt es aber, wie Soziopathen und Psychopathen, an emotionaler Empathie.

Sie fühlen nur negative Gefühle wie Wut, Neid, Demütigung und Schadenfreude (für das Pech anderer), jedoch nie so etwas wie Liebe oder echtes Mitgefühl. Narzissten können idealisieren, aber nicht lieben. Sie können Empathie ausdrücken, werden diese jedoch nie fühlen. Sie können verletzen, ohne sich schlecht zu fühlen, verlassen, ohne zurückzublicken, ausbeuten, ohne Reue oder Scham zu verspüren. Sie fühlen es nicht, auch wenn sie so tun.

2.) Schwierigkeiten mit Objektpermanenz
Narzissten leben nach dem Prinzip „Aus den Augen, aus dem Sinn", was es ihnen leicht macht, Menschen zu betrügen oder zu verlassen.

3.) Probleme mit einer realistischen Objektbeziehung
Narzissten können andere nicht weiterhin als „gut" wahrnehmen, wenn diese Fehler oder menschliche Schwächen zeigen.

4.) Splitting
Ein Narzisst war in seiner Kindheit viel Kritik (für sein wahres Selbst), viel Lob (für sein falsches Selbst) ausgesetzt. Er hat gelernt, dass er entweder gut oder schlecht ist. Für ihn sind Menschen daher entweder oder, niemals beides.

Wenn Narzissten jemanden als „nur schlecht" abgespeichert haben, bleibt es dabei.

5.) Shape Shifting
Da das nach außen gezeigte falsche Selbst nicht sein wahres Selbst ist, ist ein Narzisst fähig, sich an seine jeweilige Umgebung bzw. Personen anzupassen.

6.) Antagonismus
Von seiner Umgebung wird das vom Narzissten jeweils gezeigte falsche Selbst als wahres Selbst wahrgenommen und entsprechend beurteilt. Dies steht jedoch im permanenten Widerspruch zu seinem von ihm als wahr identifizierten Fantasy-Selbst, was innerhalb des Narzissten zu permanenter Spannung führt, was dann auch leicht in Wutanfälle umschlagen kann (narcissistic rage).

8.) Codependency
Der Narzisst muss sein nach außen gezeigtes, falsches Selbst als (Fantasy- = wahres) Selbst bestätigt bekommen, ansonsten ist der Widerspruch im Inneren nicht zu bewältigen.

Narzissten als Erwachsene

Als Erwachsener muss sich ein Narzisst mit seinem als wahr empfundenen Fantasy-Selbst durch Präsentieren eines falschen Selbst der Realität stellen.

Der regelmäßige Rückzug in Fantasien hat die kindliche Persönlichkeit von Narzissten so nachhaltig geprägt, dass diese es in ihrem Erwachsenenleben nicht schaffen, ihrer Fantasiewelt (vollständig) zu entwachsen.

Narzissten FUNKTIONIEREN zwar in der Realität, LEBEN aber in ihrer Fantasiewelt (arrested development).

Narzissten werden auch als Kidults (Kids/Adults) bezeichnet, weil sie sich oft wie Kinder (in erwachsenen Körpern) verhalten.

Es wird angenommen, dass Narzissten in ihrer emotionalen Entwicklung im Kindesalter (Spektrum) stehen geblieben sind. Dies zeigt sich vor allem in Konfliktsituationen. Wobei:
Das Leben eines Narzissten ist ein einziger Konflikt.

Narzissten sind wie unsichere, ängstliche Kinder, die sich in ihrer Fantasiewelt verirrt haben. Alles scheint ihnen unberechenbar und verkehrt (nicht echt). Aus diesem Grund haben sie auch große Vertrauensprobleme.
Die kindliche Impulsivität des Narzissten führt meistens dazu, dass im Leben eines Narzissten ständig alles außer Kontrolle gerät.
Das Hauptgefühl im Leben eines Narzissten ist
ALARM!

Da das narzisstische Selbstverständnis nur der Fantasie des Narzissten entstammt und weder im nach außen gezeigten falschen Selbst noch im gar nicht erst entwickelten wahren Selbst verankert ist, ist es extrem brüchig (fragiles Selbstwertgefühl).

Der Narzisst ist darauf angewiesen, dass seine Umwelt ihm seine von ihm als wahr empfundenen Fantasy-Gefühle (grandiosity, superiority, importance ...) durch Bestätigung zurückspiegelt, um sie weiterhin als „wahr" sehen zu können.

Die Abhängigkeit von der Anerkennung und Validierung anderer zeigt das wahre Ausmaß der Dysfunktionalität der narzisstischen Persönlichkeitsstörung.

Warum scheitert das?

Weil die Umwelt des Narzissten nur sein falsches Selbst sieht und ihn nur anhand dieses Selbst beurteilen kann.

Sein Fantasy-Selbst wird, wenn es vom Narzissten offengelegt wird (eher beim grandiosen Narzissten zu beobachten), als Unsinn, Spinnerei, Träumerei oder als SELBSTVERLIEBTHEIT abgetan und nicht ernst genommen. Welcher erwachsene Mensch würde überhaupt so von sich denken?
Richtig.
Ein Narzisst (Mindset eines Kindes).

Im Merkmal der Selbstverliebtheit liegt die Ironie der narzisstischen Persönlichkeitsstörung.

Der Narzisst liebt sein Fantasy-Selbst.

Da das aber nicht echt ist, ist auch seine Selbstliebe nicht echt.

Das wahre Selbst musste der Narzisst in seiner Kindheit abspalten. Zu seinem wahren Selbst hat er im Erwachsenenleben keine Verbindung mehr, aber die damit verbundene Scham ist Teil seiner Kernidentität (core identity), vielleicht der einzige Teil, der vom wahren Selbst geblieben ist.

Der Narzisst navigiert sich mit seinem falschen Selbst durchs Leben, und für dieses wünscht er sich, wie aus seiner Kindheit gewohnt, Anerkennung (= Liebe). Was die meisten oft nicht erkennen, ist, dass das falsche Selbst von einem Fantasy-Selbst gesteuert wird.

Der Narzisst reagiert äußerst empfindlich auf Angriffe seines (falschen und Fantasy-) Selbst.
Kritik, Verlust oder Niederlagen sind existenziell bedrohlich für das brüchige Selbstverständnis eines Narzissten.
Der Narzisst ist aufgrund seiner Störung auf der Persönlichkeitsebene in einem Zustand permanenter Dissonanz. Nichts passt zusammen.
Das ganze System des Narzissten scheint paradox – und es geht noch paradoxer.

Ein Narzisst muss nicht nur sein falsches und Fantasy-Selbst koordinieren, er muss auch zwei unterschiedliche Realitäten synchronisieren.

Realität 1: Fantasy-Leben

Im Lauf der Zeit hat sich das kindliche Fantasiedenken von Narzissten in ihren Denk- und Verhaltensmustern manifestiert.

Sie empfinden ihr aus ihren Fantasien geborenes Fantasy-Selbst wirklich als wahres Selbst und sehen sich entsprechend wirklich als großartig, einzigartig, „besser als", wichtig, überlegen etc. Narzissten denken, die Welt und alles darin gehöre ihnen, dass sie besser sind als andere und ihnen deswegen mehr als allen anderen zusteht. Für Narzissten gelten keine Regeln und keine Grenzen. Sie sind die Götter ihrer eigenen (Fantasy-) Welt.

Realität 2: echtes Leben

Im täglichen Leben sind die meisten Narzissten aber nur normale Durchschnittsmenschen, die wie alle anderen Fehler machen und Rückschläge erleiden. Narzissten spüren und erfahren, dass andere Menschen sie nicht so wahrnehmen wie sie sich selbst (großartig, wichtig, mächtig) und dass sie im wahren Leben nicht all das erreichen, wovon sie in ihrer Fantasy-Welt träumen (Status, Wichtigkeit, Berühmtheit etc.) und wozu sie sich aufgrund ihrer (Fantasy-) Großartigkeit auch berechtigt fühlen (entitlement).

Die Diskrepanz zwischen Fantasy-Leben und echtem Leben sowie Selbst- und Fremdwahrnehmung führt zu einem unerträglichen Widerspruch im Narzissten. (Antagonismus).

Fassen wir zusammen:

Der Narzisst muss auf einer ersten Ebene sein falsches Selbst (Präsenz und Cover) sowie sein Fantasy-Selbst (Denken und Handeln) durchs Leben navigieren.

Damit wären die meisten schon überfordert.

Auf einer zweiten Ebene muss er aber noch zwei einander viel zu häufig widersprechende Welten (Fantasy-Leben/echtes Leben) synchronisieren.
Wie klingt das?
Für nicht persönlichkeitsgestörte Menschen ziemlich verrückt.
Für einen Narzissten ist das aber sein Leben.

Narzissmus gilt als eine dissoziative Störung und hier erklärt sich auch die narzisstische Abhängigkeit von der Validierung anderer.
Da das (Fantasy-)Selbst, auf dem das Selbstwertgefühl von Narzissten aufgebaut ist, in der Realität ständig erschüttert wird, nehmen Narzissten selbst Äußerungen, die nicht als Kritik gemeint waren, als Kritik wahr.

Kritik ist das Gegenteil von Bestätigung. Jede Art von Kritik, ob konstruktiv oder destruktiv, wahr oder nur vom Narzissten angenommen, ist eine Bedrohung seines Selbst.

Da der Narzisst gemäß seinem gestörten Selbstverständnis (Fantasy-Selbst) zu perfekt ist, um mit seinem falschen Selbst (im echten Leben) Fehler zu machen, muss es aus seiner Fantasy-Sicht an etwas anderem liegen.

Und mit „an etwas anderem" ist „an allem außer mir" gemeint. Um sein Fantasy-Selbst zu beschützen, hat der Narzisst sekundäre Bewältigungs- und Verteidigungsstrategien entwickelt.

1.) Zurückweisung von Kritik

Der Narzisst hat in seiner Kindheit gelernt, dass alles, was er zurückweist/von sich weist, nicht wahr ist und nicht wahr sein kann. Narzissten sind nicht kritikfähig. Jede Art von wahrer oder nur wahrgenommener Kritik wird vom Narzissten sofort zurückgewiesen.

Kann nicht sein.

2.) Wutanfälle

In Konfliktsituationen haben Narzissten aufgrund mangelnder emotionaler Reife unkontrollierte Wutausbrüche (rationalisiert wird dies dann mit Sätzen wie „like a crazy italian woman"), schmollen, laufen beleidigt weg oder ziehen sich in ihre Fantasiewelt zurück, in der sie alles unter Kontrolle haben (Bewältigungsstrategie) und (weiterhin, entgegen der wahrgenommenen oder angenommenen Kritik) „gut" sind.

3.) Projektion

Aus der (kindlichen) Unfähigkeit des Narzissten, Verantwortung zu übernehmen, wurde die Bewältigungsstrategie der Projektion geboren. Es MÜSSEN die anderen sein, die ... (etwas Negatives) gemacht oder ... (etwas Negatives) gedacht oder ... (etwas Negatives) gefühlt haben.

4.) Rationalisierung

Diskrepanzen in seinen verschiedenen Wahrnehmungen (falsches/Fantasy-Selbst) und Welten (Fantasy-Leben/echtes Leben) rationalisiert der Narzisst so lange (es liegt sicher an ... etwas anderem), bis seine verschiedenen Realitäten wieder synchronisiert sind.

Unterschied offener (grandioser) und fragiler (verletzlicher) Narzisst

Die Merkmale der DSM-5 weisen beide Narzissmus-Typen auf, d. h. beide denken, sie wären großartig, einzigartig, wichtig, überlegen. Sie treten grundsätzlich verschieden auf, können ihr strategisches Vorgehen situativ aber auch gut anpassen (covert/overt switch).

Ein offener Narzisst kann auch mal subtil vorgehen, ein covert auch mal aggressiv.

Grundsätzlich erkennt man sie aber gut an ihrem alltäglichen und längerfristigen Auftreten.

Der klassische Narzisst wirkt arrogant, zeigt seine Überheblichkeit meist offen und erwartet von anderen, ihm in seiner Meinung über sich (grandios) zu folgen.

Der fragile (covert) Narzisst ist sehr viel schwerer zu identifizieren. Um die benötigte Bewunderung zu erhalten, setzt er auf „backhanded compliments" (fishing for compliments).

Ein verdeckter Narzisst spielt seine „Erfolge" und sich als Person herunter, um vom Gegenüber das Gegenteil bestätigt zu bekommen („ich bin nicht ..." – „doch, bist du" – „ach, das ist doch nichts" – „doch, das ist total ...").

Er hat gelernt, dass arrogante, dominante, eingebildete Menschen gemieden werden, weswegen er sich nach außen hin als bescheiden, verträglich und scheinbar selbstkritisch präsentiert – für diese als lobenswert geltenden Charakterzüge will er allerdings als großartig bewundert werden.

Overt und Covert Narzissten haben die gleichen Bewältigungsstrategien, kommen wegen ihrer unterschiedlichen Typologie aber grundsätzlich auf unterschiedlichen Wegen zum Ziel:

1.) Kontrolle:
Da Narzissten in einer (für sie) unberechenbaren Welt leben, versuchen sie, alles zu kontrollieren.
Kontrollverlust bedeutet Bedrohung.

Ein grandioser Narzisst ist sehr offen in seinem Dominanzbestreben. Er sagt, was er denkt, macht, was er will, trifft Entscheidungen ohne Rücksicht, befiehlt, kommandiert, und wer es wagt, sich ihm (dem GRANDIOSEN Narzissten) in den Weg zu stellen, wird entweder charmant manipuliert (auf die eigene Seite gezogen), in einen wilden Machtkampf gezogen oder ohne weitere Zeitverschwendung entsorgt. Einem grandiosen Narzissten stellt sich niemand in den Weg. Er hat die Kontrolle. Wer nicht pariert, fliegt. Selber schuld.

Ein covert Narzisst hat eine völlig andere Herangehensweise. Er tritt beratend, besorgt oder wohlwollend auf („ich mein's ja nur gut, na ja, musst du selber wissen, kein Wunder, wenn ... ich würde ..., denkst du nicht, dass und wenn ...?").

Ein verdeckter Narzisst geht direkt in die Psyche, er ist ein Meister im Lesen von Menschen. Er weiß, was sie hören wollen, er kennt ihre Schwachpunkte. Er streut Ängste, gibt vor, sich Sorgen zu machen, verwirrt, manipuliert, täuscht.
Woran man erkennt, dass er eigentlich das Geschehen kontrollieren will? Man entscheidet für sich selbst. Wenn gegen den Rat (Willen) des covert Narzissten entschieden wurde, legt er seinen (innerlichen) Ärger nicht unbedingt offen.
Deswegen verdeckter Narzisst.

Er weiß sich und seine wahren Gefühle zu verstecken. Manchmal rächt er sich direkt oder zeitverzögert über andere Strategien oder auch erst Jahre später.

Aber er rächt sich GANZ SICHER. Ein verdeckter Narzisst ist sehr nachtragend.

2. Entwertung

Wenn der Narzisst nach der Idealisierungsphase erkennt, dass das Objekt seiner Begierde (Mensch, Job, Traum) nicht perfekt ist, sieht er es als wertlos und beginnt es mit verschiedenen Verhaltensweisen zu entwerten.

Hinzu kommt, dass ein Narzisst in seinem Leben ganz grundsätzlich gelangweilt ist. Wie ein Kind braucht er ständig neues Spielzeug. Das alte wird dann in den Schrank geschoben. Vergessen. Vielleicht irgendwann mal wieder lustlos hervorgekramt. Aber nie wieder idealisiert.

Nichts glänzt für den Narzissten so schön wie etwas Neues.

Wenn der Narzisst im Innern etwas schon devaluiert, also entwertet hat, trennt er sich davon ohne Reue, ohne zurückzublicken. Es war eh nichts wert, stand ihm eh nur im Weg.

Wenn eine Trennung (noch) nicht möglich ist, versucht er es mit anhaltender und endloser Kritik zu verbessern (Partner, Kinder). Dieses Verhalten ist auch im Verhältnis zwischen einem narzisstischen Elternteil und seinen Kindern zu beobachten, was Co-Parenting für den anderen Elternteil so schwierig macht.

Ein grandioser Narzisst verschwendet hingegen meistens keine Zeit. Er kritisiert, beschämt, wütet, schleudert seine Frustration dem Gegenüber direkt ins Gesicht. Wenn er keine Lust mehr hat, dreht er sich um und ist weg.

Ein covert Narzisst ist auch hier das Gegenteil. Devaluation findet ganz subtil statt. Versteckte Kritik, verachtende Blicke, vergessene oder ruinierte Geburtstage oder Verabredungen, Drama, endlose Konflikte, auch gern schwelende, Silent Treatments, Rückzug, Triangulation.

Der covert Narzisst greift ganz tief in seine Trickkiste, um dem anderen zu zeigen, dass dieser in seinen Augen nichts mehr wert ist. So tief, dass das Gegenüber lange nicht weiß, was eigentlich genau los ist. Was der verdeckte Narzisst auch so plant und genießt, denn so hat er die Kontrolle („ich weiß was, was du nicht weißt ...") (arrested development).

3. Manipulation
Narzissten manipulieren ihre Umwelt, wo sie nur können. Nicht umsonst gelten sie als Charmeure und pathologische Lügner. Sie lügen schon ihr ganzes Leben. Sie belügen sich selbst und andere.

Die meisten Narzissten sind so dissoziativ, dass sie in dem Moment, in dem sie lügen, zwar wissen, dass sie lügen, danach aber durch Umschreiben (Rationalisieren,

Zurückweisen ...) ihrer Wahrnehmung sogar in der Lage sind, ihren eigenen Geschichten zu glauben.

Narzissten SIND per se eine Lüge
(kein wahres Selbst)

Mit ihren Lügen versuchen sie, die Wahrnehmungen und Schlussfolgerungen anderer zu beeinflussen. Wenn sie erwischt werden, sind andere schuld. Narzissten sind aufgrund ihres Entwicklungsstandes (Kind) nicht in der Lage, Verantwortung zu übernehmen.

So oder so – ein Narzisst ist immer unschuldig
Er ist ein Kind.

Und spätestens jetzt ist auch klar, wie ein souveräner Umgang mit ihnen aussieht:

1.) Sie können das Ego des Narzissten **ununterbrochen** mit ganz viel Lob und Anerkennung füttern.

2.) Sie können endlos versuchen, mit einem Narzissten zu reden, zu streiten, zu argumentieren (**Machtkämpfe** mit **vierjährigen Gegnern**).

Alternative Lösung:

Sie suchen sich einen anderen Spielplatz.
Und lachen über den ganzen kindischen Unsinn.

Klare Grenzen.
Klare Regeln.
Ein gutes Selbstmanagement.
Sie sind der Erwachsene.

Wenn man verstanden hat, mit wem man es bei seinem Gegenüber zu tun hat, ist der Umgang wirklich nicht so schwer.

Das Entwickeln von persönlichen Konfliktstrategien und der Aufbau emotionaler Distanz können im Umgang mit Narzissten Wunder bewirken.

Persönliche Erkenntnis des Autors: Mit Verständnis, Vertrauen, Fürsorge und Liebe heilen Sie eine/n echte/n Narzisst/in in einem ganzen Leben nicht. No way out!

Zerstören können Sie sich damit bei dem Versuch hingegen in kurzer Zeit selbst, wenn Sie diese Situation und die stetigen Manipulationen nicht erkennen oder sich nicht davon befreien (können/wollen).

Einen Ausweg aus dieser Situation gibt es leider nur für einen der Beteiligten.

Letztendlich sind alle Versuche einer Erklärung des Geschehenen auch immer nur eine Annäherung, denn was im Kopf eines anderen Menschen wirklich vorgeht, weiß niemand.

Im schlimmsten Fall nicht einmal die/der Betroffene selbst; dann ist es eine Krankheit und zumindest keine Bosheit. Ich empfinde das als ungemein tröstlich.

Weiterführende Literaturempfehlungen:

Bärbel Wardetzki – Weiblicher Narzissmus
Raphael M. Bonelli – Männlicher Narzismus
Reinhard Haller – Die Narzissmusfalle
Otto F. Kernberg – Narzissmus: Grundlagen - Störungsbilder - Therapie

Anregungen, Fragen, Kritik: Gottfried.Nicolaus@gmx.ch